MARCO POLO

PROVENCE

Reisen mit
Insider Tipps

Die Provence birgt so vie
dass sie einen Künstler wi
Cézanne ein Leben lang fesselte.
MARCO POLO Autor
Peter Bausch
(siehe S. 135)

Spezielle News, Lesermeinungen und Angebote zu der Provence:
www.marcopolo.de/provence

PROVENCE

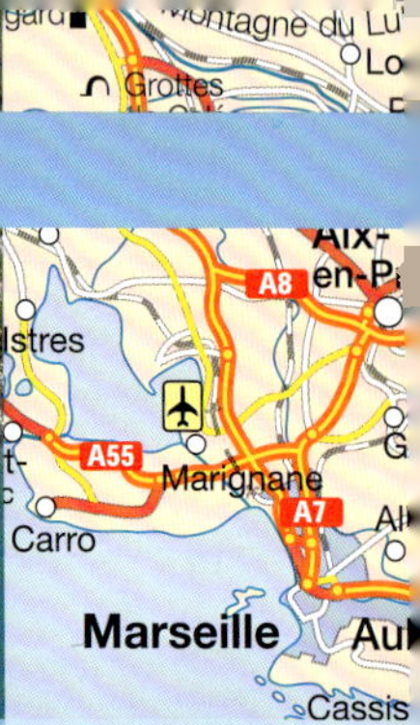

> SYMBOLE

Insider Tipp **MARCO POLO INSIDER-TIPPS**
Von unserem Autor für Sie entdeckt

★ **MARCO POLO HIGHLIGHTS**
Alles, was Sie in der Provence kennen sollten

SCHÖNE AUSSICHT

WLAN-HOTSPOT

▶▶ **HIER TRIFFT SICH DIE SZENE**

> PREISKATEGORIEN

HOTELS
€€€ über 90 Euro
€€ 60–90 Euro
€ unter 60 Euro
Preise für zwei Personen im Doppelzimmer ohne Frühstück.

RESTAURANTS
€€€ über 36 Euro
€€ 25–36 Euro
€ unter 25 Euro
Preise für ein Abendmenü (max. fünf Gänge) ohne Wein. Ein Essen à la carte ist teurer, das Mittagsmenü günstiger

> KARTEN

[118 A1] Seitenzahlen und Koordinaten für d Reiseatlas Proven
[U A1] Koordinaten für d Karte von Marseil im hinteren Umsc
[0] außerhalb des Kartenausschnitts

Karten zu Avignon, Aix-en Provence und Arles finder auf den Seiten 42, 68 und

Zu Ihrer Orientierung sind auch die Orte mit Koordin ten versehen, die nicht in Reiseatlas eingetragen si

INHALT

> SZENE

S. 12–15: Trends, Entdeckungen, Hotspots! Was wann wo in der Provence los ist, verrät der MARCO POLO Szeneautor vor Ort

> 24 STUNDEN

S. 96/97: Action pur und einmalige Erlebnisse in 24 Stunden! MARCO POLO hat für Sie einen außergewöhnlichen Tag in der Provence zusammengestellt

> LOW BUDGET

Viel erleben für wenig Geld! Wo Sie zu kleinen Preisen etwas Besonderes genießen und tolle Schnäppchen machen können:

Exquisite und marktfrische Küche zu günstigen Preisen S. 36 | Familienurlaub in der Jugendherberge S. 44 | Kulturprogramm für wenig Geld S. 74 | Preiswert ökologisch wohnen S. 88

> GUT ZU WISSEN

Was war wann? S. 10 | French Connection S. 20 | Spezialitäten S. 26 | Bücher & Filme S. 58 | Olivenöl als Elixier S. 77 | Blogs & Podcasts S. 108 | Was kostet wie viel? S. 109 | Wetter in Marseille S. 110

AUF DEM TITEL
Bummel durch die engen Gassen von Venasque S. 48
Wanderparadies Calanques S. 93

ENTDECKEN SIE DIE PROVENCE!

Unsere Top 15 führen Sie an die traumhaftesten Orte und zu den spannendsten Sehenswürdigkeiten

Die Highlights sind in der Karte auf dem hinteren Umschlag eingetragen

1 Festival d'art lyrique
Opern der Weltklasse unter freiem Himmel in Aix-en-Provence bieten Ohren- und Augenschmaus vom Feinsten (Seite 22)

2 Festival d'Avignon
Die ganze Stadt feiert mit beim Theaterfestival und „Festival Off". Jeden Sommer wird sie zur großen Bühne – vom Papstpalast bis zum Hinterhof (Seite 23)

3 Schloss von Grignan
Das majestätische Renaissanceschloss, das die Marquise de Sévigné berühmt gemacht hat, dient heute als Kulisse für kulturelle Events wie das Korrespondenzfestival (Seite 34)

4 Palais des Papes
Eine imposante Festung der Päpste aus dem Mittelalter mitten im Herzen von Avignon (Seite 41)

5 Sénanque
Das eindrucksvolle Zisterzienserkloster liegt völlig abgeschieden mitten in Lavendelfeldern (Seite 53)

6 Vaison-la-Romaine
Einst eine Stadt reicher als Pompeji, deren Spuren aus der Römerzeit heute mustergültig freigelegt sind (Seite 58)

7 Cours Mirabeau
Die Prachtallee von Aix mit Straßencafés unter dem Platanendach (Seite 66)

> DIE BESTEN MARCO POLO HIGHLIGHTS

8 Montagne Sainte-Victoire
Weißer Felsen über roter Erde unter blauem Himmel: der Hausberg von Malerfürst Paul Cézanne bei Aix-en-Provence (Seite 70)

9 L'Atelier
Jean-Luc Rabanel serviert in Arles exquisite Kompositionen aus Kräutern und alten Gemüsesorten (Seite 74)

10 Les Baux-de-Provence
Die Ruinen der Burg, die einst Zentrum der Minnesänger war, werden heute von Cafés und Galerien belebt (Seite 76)

11 Camargue
Paradies der Flamingos, der schwarzen Stiere und weißen Pferde im Rhônedelta (Seite 77)

12 Notre-Dame-de-la-Garde
Der Platz vor der Kirche hoch am Hügelhang bietet den schönsten Blick über Marseille (Seite 85)

13 Calanques
An der atemberaubend schönen Felsenküste zwischen Marseille und Cassis genießen Sie Natur pur am Rande der Großstadt (Seite 88)

14 Cassis
Bummeln Sie nahe Marseille durch die Kleinstadt mit einem idyllischen Fischerhafen am Meer (Seite 88)

15 Corniche des Crêtes
Atemberaubende Ausblicke auf der Bergstraße zwischen Cassis und La Ciotat (Seite 89)

Vaucluse, Roussillon

AUFTAKT

Die Provence ist ein Fest für all Ihre Sinne: Weiße Felsen, blaues Meer, rosafarbene Flamingos, schwarze Stiere, grüne Kiefern und violette Lavendelfelder betören das Auge. Wilde, würzige Kräuter, saftiges, süßes Obst, frische Fische und Meerestiere und wunderbare Weine aus Frankreichs Süden schmeicheln dem Gaumen. Natur und Kultur, Meer und Berge, Trubel in den Städten und Stille im Hinterland, Tradition mit Zeugnissen der Römerzeit und Avantgarde mit Festspielen und moderner Architektur – die Region spielt mit den Gegensätzen und zeigt Ihnen zu allen Jahreszeiten ihren Charme.

> Die Gegend hier ist voller unentdeckter Schätze. Bisher hat sich noch niemand gefunden, der sich in seinen Darstellungen der Reichtümer, die hier schlummern, würdig gezeigt hätte." Das hat Paul Cézanne 1896 geschrieben, und dieser Satz ist heute noch eine Aufforderung an alle Menschen, die Provence zu entdecken.

Die klare Luft, der der alles beherrschende Mistralwind jede Trübung nimmt, lässt das Licht auf weißem Kalkstein tanzen, gelbe Sonnenblumen oder blauvioletter Lavendel leuchten auf den Feldern. Das zarte Grün der Weinreben verzaubert die Täler und die Hänge entlang der großen Flüsse. Alte Dörfer mit lauschigen Plätzen ducken sich im Schatten von mächtigen Schlössern. Die Städte zeugen vom Reichtum der Vergangenheit mit großen Palästen, Prachtstraßen und Arenen, heute zeigen Museen, Festspiele und Verwaltungstempel die Vielfalt des Landstrichs. Und schließlich das Meer! Es öffnet an der Küste – mit kilometerlangen Sandstränden in der Camargue und kleinen Felsenbuchten bei Marseille – das Tor zur weiten Welt.

Die Provence, eine der ältesten Kulturlandschaften der Menschheit, spielt mit ihren Gegensätzen: Einerseits die schroffen Felsklippen der Calanques mit ihren grünen Kiefern unter dem blauen Himmel am Stadtrand von Marseille und andererseits

> Die klare Luft lässt das Licht tanzen

das weite Sumpfland der Camargue, in dem die schwarzen Stiere, die rosafarbenen Flamingos und die weißen Pferden zu Hause sind. Zum einen die fruchtbaren Täler am Ufer der großen Flüsse Durance oder Rhône und zum anderen die kargen Hochebenen im Hinterland mit der

Eine Segelyacht dümpelt in der Bucht von En-Vau bei Marseille

Garrigue, dem Gestrüpp aus Heide, immergrünen Eichen, Disteln und den duftenden Kräutern wie Thymian oder Rosmarin. Wie Tag und Nacht sind auch stille römische Ausgrabungsstätten in Glanum bei Saint-Rémy und der geschäftige, hypermoderne TGV-Bahnhof im Niemandsland zwischen Aix und Marseille.

Die Provence birgt so viele Schätze, dass sie einen Künstler wie Paul Cézanne ein Leben lang fesselte. Dabei hat sich der Vater der modernen Malerei in seiner Kunst lediglich auf einen kleinen Ausschnitt dieser Landschaft beschränkt und sich bei der Suche nach Motiven auf seine Heimatstadt Aix, das Sainte-Victoire-Gebirge, das Städtchen Gardanne und den Fischerhafen L'Estaque bei Marseille konzentriert.

Dabei wusste Cézanne, wie es ist, wenn ein Provenzale aus dem Norden in die Heimat zurückkehrt. Er kannte die Stelle bei Montélimar, wo sich das Rhônetal verengt und für eine neue Landschaft öffnet. Ab hier ist das Klima mild genug für Oliven- und Mandelbäume, ab hier sorgt die sengende Sonne für den intensiven Duft und Geschmack der Kräuter, die den Namen der Provence wie eine Auszeichnung tragen.

Es ist schwer, heute eindeutige Grenzen der Provence zu definieren, die Kaiser Augustus kurz vor Christi Geburt erstmals Provincia Gallia Narbonensis getauft hat. Die eigentliche

> Intensiver Kräuterduft und vollmundiger Wein dank Sonne

Provence gehört zu einer der 22 französischen Regionen, die den Namen Provence-Alpes-Côte d'Azur mit der hässlichen Abkürzung „PACA" trägt und ihren Verwaltungssitz in Marseille hat. Dieser Reiseführer legt seinen Schwerpunkt auf die Départements Bouches-du-Rhône mit Marseille als Hauptstadt, Vaucluse rund um Avignon, einen großen Teil der Alpes-de-Haute-Provence südwestlich von Digne-les-Bains und schließt mit Bandol und Sanary-sur-Mer auch einen Teil des Départements Var ein. Außerdem greift dieser Band über die Provence im engeren Sinne hinaus, indem er die Drôme Provençale zwischen Montélimar und Nyons im Norden, die verwaltungstechnisch zur Region Rhône-Alpes gehört, ebenso behandelt, wie er für die Ardèche, den Pont du Gard und Nîmes einen Abstecher

WAS WAR WANN?

Geschichtstabelle

um 27 000 v. Chr. Älteste Felszeichnungen aus der Eiszeit, in einer Grotte der Calanques von Marseille entdeckt

um 600 v. Chr. Griechen aus Kleinasien gründen Massalia (Marseille)

um 122 v. Chr. Rom unterstützt Massalia beim Kampf gegen die Kelten, zerstört deren Hauptstadt und gründet Aquae Sextiae (Aix)

4. Jh. Der römische Präfekt regiert Gallien, Spanien, Britannien von Arles aus

1309–1403 Klemens V. residiert als erster Papst in der Provence, Benedikt XII. lässt den Palast in Avignon bauen

1545 Ermordung 3000 protestantischer Waldenser im Luberon nach der Verwüstung des Klosters von Sénanque

1792 Freiwillige aus Marseille singen in Paris inbrünstig das „Lied der Rheinarmee", daher heißt die französische Nationalhymne seitdem „La Marseillaise"

1942 Deutsche Nationalsozialisten besetzen Marseille und zerstören Teile des Altstadtviertels Le Panier

1947 Jean Vilar gründet die Theaterfestspiele von Avignon, Gabriel Dussurget das Opernfestival von Aix-en-Provence

1970 Anbindung Marseilles und Aix' ans französische Autobahnnetz, die Camargue wird regionaler Naturpark

1983 Die Region Provence-Alpes-Côte d'Azur bekommt ein eigenes Parlament mit Sitz in Marseille

2001 Der Hochgeschwindigkeitszug TGV verbindet Marseille über Avignon und Lyon in drei Stunden mit Paris

2006 Einweihung des für 20 Mio. Euro renovierten Granet-Museum in Aix mit einer Cézanne-Ausstellung

nach Westen über die Rhône macht, die häufig als westliche Grenze der Provence betrachtet wird.

Gerade in Nîmes, aber auch in Orange, Arles oder Vaison-la-Romaine wird deutlich, dass die Provence auf eine jahrtausendealte Geschichte zurückschaut. Kaum eine andere Landschaft Europas versammelt so viel Kultur aus allen Epochen auf so engem Raum. Immer wieder, auch jetzt noch im 21. Jh., werden in Aix-en-Provence oder in Avignon Überreste von Theatern oder Gartenanlagen aus der Römerzeit gefunden.

Die Provence ist nicht in der Vergangenheit stehen geblieben, bietet in der High-Tech-Industrie rund um Aix und Marseille Arbeitsplätze der Zukunft. La Ciotat hat nach dem Untergang der alten Werften den Wandel eingeleitet und kümmert sich mit kleinen Spezialunternehmen im alten Hafen um Luxusyachten. Und Marseille baut im Hafenviertel mit millionenschweren EU-Subventionen rund um die Docks de la Joliette, den umgebauten alten Lagerhallen, das Dienstleistungszentrum Euroméditerranée.

Das neue Publikum, das in die Provence kommt, ist anspruchsvoll: Die großen Sommerfestspiele in Arles (Fotografie), Avignon (Theater), Aix-en-Provence (Oper) oder La Roque-d'Anthéron (Klavier), aber auch die über 300 kleinen Festivals im Luberon, in der Drôme oder in der Hochprovence schlagen mühelos eine Brücke von geschichtsträchtigen Stätten wie römischer Arena, Papstpalast oder Schlosspark zur Avantgarde zeitgenössischer Kultur.

> Quicklebendige Städte, mustergültig renovierte Dörfer

Entdecken Sie die Provence auch, aber nicht nur auf der Fährte der großen Maler des 19. und 20. Jhs. und den mustergültig renovierten Dörfern des Luberon oder der Alpilles, genießen Sie das ganz normale Alltagsleben in der Hochprovence zwischen Forcalquier und den Schluchten des Verdon! Staunen Sie über die Ausblicke vom Gipfel des Mont Ventoux, der Montagne de Lure, der Sainte-Baume oder der Sainte-Victoire, und stürzen Sie sich für ein erfrischendes

Das antike Amphitheater liegt mitten in der trubeligen Innenstadt von Nîmes

auf den Spuren der Vergangenheit wie in den Römerstädten Arles, Nîmes, Vaison-la-Romaine oder Orange. Entdecken Sie auch die Schätze der Drôme, die mit den Weinbergen von Vinsobres oder den Olivenhainen von Nyons ein Geheimtipp geblieben ist. Erobern Sie die quicklebendigen Städte wie Marseille, Avignon oder Aix-en-Provence, flanieren Sie in Bad ins Meer bei Saintes-Maries-de-la-Mer, Marseille oder La Ciotat!

Die Provence wartet darauf, dass ihre Reichtümer entdeckt werden, in aller Ruhe und zu jeder Jahreszeit. Nehmen Sie sich die Zeit – Paul Cézanne hat schließlich sein ganzes Leben damit verbracht, dem Zauber seiner Heimat auf die Spur zu kommen.

WAS IST ANGESAGT?

Trends, Entdeckungen und Hotspots. Unser Szene-Scout zeigt Ihnen, was in der Provence los ist

Laurence Gueritey
Die freie Journalistin ist in Frankreich geboren und kennt sich dort nicht nur in der Modeszene aus, sondern weiß auch, was in der pulsierenden Kulturszene abgeht. Die Provence ist eine ihrer Lieblingsregionen. Als unser Szene-Scout erkundet sie dort die neuesten Trends. Wenn sie etwas Abstand von der Arbeit braucht, lässt sie sich von der Landschaft und dem Esprit der kreativen Köpfe in der Provence ablenken.

KREATIVITÄT

Mode des Südens

Namen wie Lacroix und Ungaro stehen für die Haute Couture aus Südfrankreich. Die junge Designergeneration aus der Provence tritt dieses Erbe mit einer kreativen Leichtigkeit an, die problemlos mit den großen Namen mithalten kann. Wie die edlen Entwürfe aus Wildseide und edlem Brokatstoff des Marseiller Labels *Diable Noir (5, rue de la Tour, www.diablenoir.com,* Foto). In der Rue de la Tour in Marseille liegt die Wiege des provenzalischen Modekonglomerats: Dort betreiben auch Labels wie *Zenana*, *Casablanca* und die Hutmacherin Manon Martin *(10, rue de la Tour, www.manonmartin.com)* Boutiquen – ihre Kreationen werden sogar in New York und Tokio gehandelt. Das Label *Sur les Traces D'un Nomade* ist für seine klassischen Entwürfe mit Pfiff bekannt *(7, place des Corps Saints, Avignon, www.nomadecreateur.canalblog.com)*. Mode total gibt's im *L'Espace Mode Méditerranée*: auf 3000 m^2 residieren Boutiquen, ein Modeinstitut, eine eigene Buchhandlung, und es finden regelmäßig Modeschauen und Ausstellungen statt *(11, la Canebière, Marseille, www.espacemodemediterranee.com)*.

SZENE

TRENDSPORT

Rugby begeistert

Seit Frankreich Schauplatz des *Rugby World Cup* war, ist der toughe Sport auch in der Provence extrem angesagt. Immer mehr Clubs entstehen und begeistern bei ihren Spielen Hunderte von Zuschauern. Der Rugby-Club *Le Parc* will nicht nur seine Spiele im Stade Maurice David gewinnen, sondern setzt auch vermehrt auf Nachwuchsförderung *(place Charles de Gaulle, Aix-en-Provence, www.pays-aix-rugby.com)*. Genau wie die Konkurrenz: Der *Rugby Club Marseille Est (Saint-Menet, Marseille, www.marseille-aubagne-rugby.com)* hat sogar eine eigene Rugby-Schule gegründet, die im Stade du Mouton trainiert und spielt. Das Spiel mit dem Ball in Eiform erobert auch die Strände von Marseille. Beach Rugby wird z. B. am Plages du Prado und Escale Borély gespielt.

NATUR ENTDECKEN

Das neue Bewusstsein

Naturschutz wird in der Provence großgeschrieben. Immer mehr Engagierte schließen sich zu Organisationen zusammen. Ihr Ziel: die Sensibilisierung der Bevölkerung für das Thema Natur- und Tierschutz. Fotografen von CEEP *(Espace Naturels de Provence, www.ceep.asso.fr)* haben z. B. über einen längeren Zeitraum die seltenen Adler der Region fotografiert und anschließend im eigenen Ökomuseum *(boulevard de Provence, Saint-Martin-de-Crau)* eine Ausstellung auf die Beine gestellt. Darüberhinaus veranstaltet die Organisation Workshops. Das *Institut forêt (CD7, chemin de Roman, Gardanne, www.institut-foret.com)* setzt nicht nur auf Theorie, sondern bringt Interessierte direkt an den Ort des Geschehens. Mit dem Forêtbus werden Naturliebhaber zu den fünf größten Wäldern der Region gefahren. Die Organisation *Conservatoire du Patrimoine Naturel de Vaucluse (www.conservatoire-vaucluse.asso.fr)* hat es sich zur Aufgabe gemacht, die Landschaft im Raum Avignon zu schützen. Auf Exkursionen erklären Guides, wie man sich wildlebenden Vögeln gegenüber verhält.

KULTURFABRIK

Architektur trifft Industrie

Was tun, wenn riesige Industriekomplexe und Gebäude ausgedient haben? Sie werden einfach in Kulturzentren verwandelt. Früher Getreidesilo, in Zukunft ein kultureller Treffpunkt mit Theater, Konzerten und Variete: Das *Silo d'Arenc* wird im Laufe des Jahres 2009 sicherlich zu einem der Hotspots am Hafen *(quai d'Arc, la Joliette, Marseille)*. Auch die 5000 m^2 Bahnwerkstätten von Arles – *Les Ateliers Ferroviaires* – weichen der Kultur. Der alte Kesselbau macht einer großen Bühne für Theateraufführungen, Kino, Cafés und Restaurants Platz *(La Grande Halle Ferroviaire, avenue Victor Hugo, Arles)*. Die alte Fabrikhalle *L'Usine Istres* richtet regelmäßig Hip-Hop und Elektro-Popkonzerte angesagter Musiker aus *(ancienne route de Fos, Istres, www.myspace.com/Lusine13800)*.

FUSION-SOUND

Weltmusik aus der Provence

Die neue Offenheit hält auch in der Musik Einzug. Vor allem in der Hafenstadt Marseille trifft man sich zum weltmusikalischen Austausch, denn hier brodelt das kulturelle Leben. Zur *Babel Med Music* trifft sich jedes Jahr die Crème de la Crème der Weltmusikszene (*www.dock-des-suds.org/#babel*, Foto), dann treten an einem Wochenende Bands aus ganz Frankreich und Europa auf. Dorthin zieht es auch die Gruppe *La Compagnie X (www.myspace.com/lacompagniex)*, die mit ihrem Mix aus Mittelmeerklängen und Afrika-Rhythmen die Region Provence vertritt. Henri Maquet *(www.myspace.com/henrimaquet)* versteht sich ebenfalls als Vertreter der Weltmusik. Als moderner Troubadour steht er mal alleine mit Gitarre, mal als Gastmusiker mit anderen Bands auf der Bühne. Im *Le Paradox* gibt's einen musikalischen Länder- und Kulturenmix vom Feinsten *(127, rue d'Aubagne, Marseille, www.leparadox.fr)*.

FÜR ZWISCHENDURCH

Neuester Schrei am Gastrohimmel: Drunch

Das gastronomische Novum in der Provence nennt sich *Drunch*: eine Zwischenmahlzeit, die nach dem Lunch und vor dem Dinner eingenommen wird. Im Unterschied zum Lunch wird zum Drunch auch ein Aperitif gereicht, und anders als beim Dinner wird beim Drunchen Wert auf gesundes Essen und kleine Portionen gelegt. Im *Dubble Food* werden in minimalistischem Ambiente leichte Salate, Tartes und Desserts angeboten *(57, rue Bernard Dubois, Marseille, www.dubble-food.com)*. Auch das *Au Tout Petit (4, rue d'Amphoux, Avignon, www.autoutpetit.fr)* und das Restaurant *Le Dozulé (56, avenue du Prado, Marseille)* laden zum Drunch.

BIKE & THE CITY

Clever vorwärts kommen

Die Provence steigt um – aufs Fahrrad. *Vélib* heißt das neue Ausleihsystem in Marseille, mit dem man schneller durch die Straßen kommt, als mit dem Auto. Das Konzept ist einfach: Die Räder können an 80 Stationen entnommen und wieder abgestellt werden. Freigeschaltet und bezahlt wird direkt an der Ausleihstation per Kreditkarte *(Au Vélo Electrique, 13, rue Fondère, www.auveloelectrique.fr, www.marseille-city.fr,* Foto). Aix-en-Provence schließt sich demselben Konzept unter anderem Namen an: *Vélib* nennt sich hier *V'Hello (www.vhello.fr)*. In Arles können Sportmuffel auch einen Elektroscooter mieten *(Gare Routière, avenue Pauline Talabot, www.arles-vae.com)*.

WELLNESS IN STYLE

Entspannen mit Stil

Wellness und Minimalismus – eine Kombi beeindruckt die Provence. Im *Maison d'hôtes Felisa (6, rue des Barris, Saint-Laurent-des-Arbres, www.maison-felisa.com)* liegt man bei Algen-Wraps und Ayurveda-Massagen in minimalistisch gestalteten Räumen, die sich auf das Wesentliche konzentrieren. Im gleichen Stil präsentiert sich das Spa des Landhotels *Oustau de Baumanière (route d'Arles, Les Baux-de-Provence, www.oustaudebaumaniere.com,* Foto). Natürliche Materialien und gerade Linien beherrschen auch das Ambiente des *Domaine des Andéols (Les Andéols, Saint-Saturnin-lès-Apt, www.domainedesandeols.com)*.

> ANTIKE ARENEN UND HIGH-TECH

Die Kulturlandschaft der Provence ist
eine Schatztruhe der (Bau-)Geschichte, die zugleich
mit Technologieparks auf die Zukunft setzt

ANTIKE

Die Provence ist ein Kind der Römer. Die Spuren der Antike sind noch überall zu sehen. Der Bogen spannt sich von spektakulären Bauwerken wie dem Pont du Gard und den heute wie vor über 2000 Jahren genutzten Arenen von Arles, Nîmes oder Orange bis hin zu riesigen Ausgrabungsstätten wie Glanum bei Saint-Rémy-de-Provence. Erst in den letzten Jahren ist ein römischer Garten in Caumont bei Avignon freigelegt worden. Und noch gar nicht für Besucher zugänglich ist die Ausgrabungsstätte eines antiken Theaters in unmittelbarer Nähe des Stadtzentrums von Aix.

ARCHITEKTUR

Eine Kulturlandschaft wie die Provence ist eine Schatztruhe der Baugeschichte. Die Taufbecken *(baptis-*

Bild: Pont du Gard

STICH WORTE

tères) in Venasque oder Aix-en-Provence sind Zeugnisse der Christianisierung im 5. Jh., Kirchenbauten wie die Kathedrale Saint-Trophîme in Arles, die kleine Kapelle Saint-Sixte in Eygalières, die Kathedrale in Saint-Paul-Trois-Châteaux oder die Zisterzienserklöster Sénanque und Silvacane sowie das Benediktinerkloster von Ganagobie sind Juwele der romanischen Baukunst in der Provence. Renaissanceschlösser wie in Grignan, Lourmarin oder La Tour d'Aigues wirken dagegen heute wie Fremdkörper in der Landschaft. Viel besser zur Provence passen die kunstvoll geschmiedeten Glockenkäfige *(campanile)* auf Kirchtürmen oder Stadttoren wie in Manosque, Aix-en-Provence oder Forcalquier. Ein Paradebeispiel für den französischen Barock ist das Quartier Mazarin mit seinen Stadtpalästen in Aix-en-Provence.

Das 20. Jh. hat Marseille in den Fünfzigerjahren die erste Wohnmaschine von Le Corbusier beschert. Im Volksmund heißt die Cité Radieuse nur *maison du fada,* das Haus des Verrückten. Ebenfalls für verrückt erklärt wurden zunächst diejenigen, die alte Steinhäuser in den fast verlassenen Dörfern des Luberon, in den Alpilles oder in der Drôme Provençale sorgfältig renovierten. Das Ergebnis sind heute wunderschöne Ensembles, die einen krassen Kontrast bilden zu Meisterwerken der modernen Technik wie den Brücken und Bahnhöfen für den Hochgeschwindigkeitszug TGV in Aix oder Avignon.

CÉZANNE

Paul Cézanne, 1839 in Aix-en-Provence geboren und 1906 dort gestorben, steht wie kein anderer Künstler für das Licht der Provence. Kaum ein Maler hat so harte Kritik an seiner Arbeit einstecken müssen wie Cézanne, der seinen Weg gegen alle Widerstände weiterging. Zwar wurde er geschätzt von Kollegen wie Pierre-Auguste Renoir, Camille Pissarro, Raoul Dufy oder Pablo Picasso, der am Fuß von Cézannes Hausberg, der Montagne Sainte-Victoire, in Vauvenargues begraben ist, aber verachtet von Zeitgenossen und Kritikern. Nur dem Einsatz eines amerikanischen Komitees ist der Erhalt seines Ateliers am Chemin des Lauves zu verdanken, Ausländer haben seiner Heimatstadt die ersten Bilder gespendet. Aufgewacht ist Aix-en-Provence erst in den Achtzigerjahren: Es gibt nun einen Weg auf den Spuren des Meisters durch die Stadt, das Elternhaus Jas de Bouffan ist seit 2006 geöffnet und das Granet-Museum wurde renoviert.

FLORA & FAUNA

Sie werden sie mit hoher Wahrscheinlichkeit nie sehen, aber dafür umso intensiver hören, wenn die Sonne die Provence aufheizt: Die

Flamingos, wohin das Auge blickt: Die Camargue glänzt mit lebendigen Farbtupfern

Singzikade *(cigale)* ist im Sommer überall präsent, wo es Bäume und Büsche gibt. Noch eine Seltenheit sind dagegen die Geier und Adler, die heute wieder in den Verdonschluchten oder in Gebirgszügen wie der Montagne Sainte-Victoire heimisch werden. Im Winter feiern die rosafarbenen Flamingos in der Camargue ihr Familientreffen, das ganze Jahr über leben in der Sumpflandschaft die schwarzen Stiere und die weißen Pferde. In den kargen Landschaften der Hochprovence weiden Schaf- und Ziegenherden, die im Hochsommer in die Berge der Hochalpen wandern. Oliven- und Mandelbäume gehören ebenso in die Provence wie die Kräuter der Garrigue – Thymian, Rosmarin und Majoran, die auf kargen Böden überleben und der Landschaft einen würzigen Duft geben.

LAVENDEL

Ein ungeübtes Auge wird den Unterschied gar nicht bemerken – und doch liegen Welten zwischen echtem Lavendel, der *lavande vraie* oder *lavande fine,* der erst in Höhenlagen ab 600 m in der Drôme, im Luberon oder auf der Hochebene von Valensole wächst, und dem *lavandin,* einer sterilen Kreuzung, die in dichten, kugelförmigen und gleichmäßigen Büschen wächst. Für die Medizin und die Parfumindustrie zählt nur das echte Kraut mit der Herkunftsbezeichnung AOC *(appellation d'origine contrôlée).* Für die Weichspüler und die duftenden Säckchen im Kleiderschrank oder die tiefblauen getrockneten Sträuße reicht der *lavandin,* der selbst in der Ebene oder sogar in deutschen Gefilden gedeiht und im Destillationsprozess fast sechsmal so viel Essenz ergibt – allerdings minderer Qualität.

MISTRAL

Er ist der Meister aller Winde in der Provence. Selbst mitten im Sommer lässt der Mistral die Temperaturen binnen Stunden purzeln. Wenn der Fallwind kalte Luft aus dem Zentralmassiv oder den Alpen nach Süden durch das Rhônetal bläst und zu Sturmstärke mit mehr als 100 km/h aufläuft, verliert das Wasser im Mittelmeer sofort ein paar Grade, sind die Festspielgäste in den Arenen von Orange und Arles oder bei den Freiluftopern in Aix über eine Strickjacke froh. Der Mistral, der drei, sechs oder gar neun Tage lang toben kann, pustet mit den Wolken auch die Dunstglocke hinaus ins Meer, sorgt aber jeden Sommer dafür, dass noch das kleinste Feuer zu einem großen Waldbrand werden kann.

PÉTANQUE

Weil er wegen seiner Gebrechen beim provenzalischen Boulespiel nicht mehr mit den Jungen mithalten konnte, erfand Jules Le Noir 1910 in La Ciotat die Variante Pétanque. Anstatt Anlauf zu nehmen, um die Stahlkugeln möglichst dicht an das Schweinchen *(cochonnet),* also an das Setzkügelchen aus Holz, zu rollen, blieb er mit beiden Beinen *(pieds tanqués)* auf dem Boden. Boule und Pétanque haben ansonsten aber dieselben Regeln: Gewonnen hat die Mannschaft, die ihre Kugeln so nah wie möglich am *cochonnet* platziert und so als Erste 13 Punkte gesammelt hat. Die wichtigsten, von Tageszeitungen wie La Provence oder La Marseillaise organisierten Turniere finden in Marseille statt.

STIERKAMPF

Nîmes und Arles sind die beiden Zentren in der Provence für die *feria,* wie das tagelange Fest um Matadoren und Stiere an Ostern, Pfingsten und im Herbst genannt wird. Ein harmloses Vergnügen, einst für arme Landarbeiter und Hirten, heute für Touristen, sind die provenzalischen Stierspiele wie die *course camarguaise,* die im Sommer den Festen in kleinen Dörfern wie Aureille in den Alpilles einen Farbtupfer geben. Beeindruckend ist die *abrivado,* wenn die *gardians,* die Stierhüter, hoch zu Pferd ihre Schützlinge durch die engen Gassen treiben. Vergnüglich ist die Jagd der weiß gekleideten *razeteurs* in der Arena nach der *cocarde,* dem Bommel, der an den Hörnern der Stiere befestigt ist. Normalerweise fließt kein Blut, auch wenn hin und wieder ein *taureau* beim Angriff auf die Bommeljäger die Holzrampen in der Dorfarena zertrümmert.

WEIN

Die Griechen haben 600 v. Chr. die ersten Reben in die Provence gebracht, die Römer in der Antike ihre Weinberge so gepflegt wie die Päpste im Mittelalter. Kein Wunder also, dass die ersten französischen Qualitätsbezeichnungen für gute Tropfen 1936 gerade im Rhônetal vergeben

> FRENCH CONNECTION

In Sanary fanden von Nazis verfolgte Künstler Exil

Die Hauptstadt der deutschen Literatur war 1933–1942 das Fischerdorf Sanary-sur-Mer im Osten von Marseille. Auf der Flucht vor den Nationalsozialisten machten Literaten, Musiker und Maler wie Thomas Mann, Lion Feuchtwanger, Ernst Bloch, Walter Benjamin, Franz Werfel, Alma Mahler oder Bertolt Brecht Station in Sanary. Nach der Kriegserklärung 1939 wurden die deutschen Exilanten im Lager Les Milles bei Aix interniert. Varian Fry, Botschafter des amerikanischen „Emergency Rescue Committee" rettete viele von ihnen. Über seine „French Connection" sind über tausend Menschen der Gestapo entkommen. In Sanary erinnert heute eine Gedenktafel am Hafen an die Emigranten.

wurden. In der Provence mit ihren vielen unterschiedlichen Lagen von Vinsobres, Châteauneuf-du-Pape, Aix-en-Provence bis hin zu Cassis und Bandol sowie ihren meist überschaubar kleinen Gütern sorgte jahrzehntelang vor allem der schnell verwertbare Rosé für Umsatz. Ehrgeizige Winzer keltern inzwischen auch Rot- und Weißweine, die zu den besten in ganz Frankreich zählen.

WIRTSCHAFT

Die Provence gehört zwar zu den beliebtesten Reisezielen der Welt, aber unter der Sonne des Südens wird nicht nur in der Tourismusbranche gearbeitet. Die Landwirtschaft und insbesondere der Weinbau spielen weiter eine wichtige Rolle in den Tälern zwischen Rhône und Durance. Die Schwerindustrie, die ihren Strom aus Atom- und Wasserkraftwerken bezieht, konzentriert sich mit Erdölraffinerien, Hubschrauberwerften, Stahlfabriken und Chemiefirmen rund um den Étang de Berre, den Brackwassersee zwischen Camargue und Marseille. Die Universitäten und Technologieparks nahe Aix-en-Provence (Les Milles, Rousset) oder in Marseille (Château Gombert) schaffen Jobs in High-Tech-Firmen. Und das Atomforschungszentrum Cadarache im Norden von Aix bekommt mit Iter, der mehrere Milliarden Euro teuren Versuchsanlage für Kernfusion, ein weiteres Prestigeprojekt der Hochtechnologie.

Zu den Spitzenweinen Frankreichs zählen die Sorten aus der Provence

THEATER- UND OPERNFESTIVALS, STIERKÄMPFE UND KABARETT

Kulturell ist die Provence keineswegs Provinz

> Neben der Spitzenkultur jeden Sommer bei den internationalen Festspielen in Avignon, Orange, Aix und La Roque-d'Anthéron behaupten die Volksfeste mit jahrhundertelanger Tradition ihren Platz im Veranstaltungskalender: die Zigeunerwallfahrt in Saintes-Maries-de-la-Mer, die Stierkämpfe in Arles und Nîmes oder die Hirtenweihnacht in Allauch.

OFFIZIELLE FEIERTAGE

1. Jan.; Ostermontag; 1. Mai; 8. Mai (Kriegsende 1945); **Himmelfahrt; 14. Juli** (Nationalfeiertag, Erstürmung der Bastille 1789); **Pfingstmontag; 15. Aug.** (Mariä Himmelfahrt); **1. Nov.** (Allerheiligen); **11. Nov.** (Kriegsende 1918); **25. Dez.**

Viele Museen, Sehenswürdigkeiten und Restaurants sind feiertags geschlossen.

FESTE UND VERANSTALTUNGEN

Januar

Avignon wird jedes Jahr Mitte Januar für fünf Tage zum Mekka für alles rund ums Pferd. Das Festival *Cheval Passion (www.cheval-passion.com)* wird gekrönt von Galavorstellungen wie den *Crinières d'Or* mit Teilnehmern aus ganz Europa, kleinen Kabarettauftritten und Pferdekutschen-Wettbewerben.

Mai

Jedes Jahr am 24./25. Mai feiern die *gitans,* die Zigeuner, aus ganz Europa auf der ★ *Zigeunerwallfahrt in Saintes-Maries-de-la-Mer* ihre Schutzpatronin Sara mit einer Prozession ans Meer.

Pfingsten

Die ganze Stadt feiert bei der *Feria de Nîmes* ihre Stierkampftradition mit einem riesigen Volksfest.

Juli

Seit 1947 treffen sich jeden Sommer beim ★ *Festival d'art lyrique,* den Opernfestspielen von Aix-en-Provence, die besten Sänger(innen), Dirigenten und Regisseure Europas auf der Bühne im Innenhof des ehemaligen erzbischöf-

> EVENTS FESTE & MEHR

lichen Palastes. *Tel. 04 90 27 66 50, www.festival-aix.com*

Das ★ *Festival d'Avignon* in der ehemaligen Papstresidenz ist jeden Sommer das Schaufenster der Theaterwelt. Die offiziellen Festspiele haben den Ehrenhof des Papstpalastes als Hauptspielort und Bühnen in der ganzen Stadt. *Tel. 04 90 14 14 26, www.festival-avignon.com*

Mit Spielstätten in Garagen, Höfen und auf den Straßen verwandelt das ▶▶ *Festival Off* als alternatives Begleitprogramm die Stadt in eine riesige Bühne.

Anfang Juli–Ende August

Große Opern und Konzerte bei den ★ *Chorégies d'Orange* im Antiken Theater. *Tel. 04 90 34 24 24, www.choregies.com*

Ende Juli–Ende August

Insider Tipp

Beim *Festival International de Piano* in La Roque-d'Anthéron greifen die Weltstars in die Tasten. Auf der Freilichtbühne im Park des Château de Florans herrscht eine familiäre Atmosphäre mit zivilen Preisen. *Tel. 04 42 50 51 15, www.festival-piano.com*

Erster Sonntag im August

Beim *Marché Flottant* in L'Isle-sur-la-Sorgue, dem Mekka der Antiquitätenhändler, bieten die Händler ihre Waren auf Booten mit flachem Boden an.

Mitte–Ende Oktober

Insider Tipp

Weltmusik zu zivilen Preisen bietet die ▶▶ *Fiesta des Suds* auf bis zu drei Bühnen in einer alten Lagerhalle *(Dock des Suds, 12, rue Urbain V)* am Hafen in Marseille. *Tel. 04 91 99 00 00, www.dock-des-suds.org*

Weihnachten

Eine der schönsten *Mitternachtsmessen* der Provence findet an Heiligabend in Allauch bei Marseille statt, wenn Hirten ihre Herden zur Dorfkirche treiben und eine Krippe mit lebendigen Tieren aufgebaut wird. *Tel. 04 91 05 31 21, www.allauch.com*

> LUXUS UND EINFACHES AUF EINEM TELLER

Unter der provenzalischen Sonne reifen die besten Zutaten für köstliche Speisen und Weine

> Unter der Sonne des Südens reifen die besten Zutaten. Deswegen ist die Küche in der Provence einfach, leicht und gesund. Gemüse in allen Variationen, Fisch und Meeresfrüchte, eine unglaubliche Vielfalt an Gewürzkräutern von Thymian über Rosmarin, Minze, Salbei, Basilikum bis hin zu Fenchel und Lorbeer. Dazu Lammfleisch aus dem Hochland, Käse von Ziegen und Schafen, reife, süße Früchte und als Krönung Qualitätswein aus heimischem Anbau. Das Land bietet diesen Luxus in bester Frische. Und im Luberon oder in der ehemaligen päpstlichen Enklave rund um Valréas gibt es jeden Winter die wichtigsten Trüffelmärkte in ganz Frankreich.

Kaum eine andere Region Frankreichs zählt so viele Spitzenköche wie die Provence. Und selbst die großen Zeremonienmeister der Gastronomie bleiben bei den einfachen provenzalischen Grundrezepten. Von der

ESSEN & TRINKEN

Sonne verwöhnte Tomaten oder Zucchini brauchen nur einen Hauch von frischen Kräutern und einen Schuss Olivenöl, um ihren ganzen Geschmack zu entfalten.

Viel Gemüse, Fisch, aromatisches Olivenöl, Knoblauch und guter Wein sorgen dafür, dass die Provenzalen die höchste Lebenserwartung in ganz Frankreich haben. Dabei widerspricht die hiesige Ernährungstradition eigentlich den Bauernregeln des Nordens. Wie oft in südlichen Ländern fällt das Frühstück *(petit déjeuner)* eher karg aus: Eine Tasse Kaffee, eventuell mit Milch *(café au lait)*, dazu Weißbrot, Butter und Konfitüre, manchmal noch ein Croissant oder ein mit Schokoladencreme gefülltes Blätterteigteilchen *(pain au chocolat)*, das reicht meist schon für den Tagesanfang.

Beim Mittagessen *(déjeuner)* zwischen 12 und 14 Uhr werden dann oft schon drei Gänge aufgefahren. Das Menü ist heute noch wichtig und besteht aus der Vorspeise *(hors d'œuvre)*, dem Hauptgang *(plat de résistance)* mit Fleisch *(viande)*, Fisch *(poisson)* oder Geflügel *(volaille)* und zum Abschluss Käse oder Dessert. Aber die Essgewohnheiten wandeln sich langsam: In den meisten Restaurants der Gegend wird niemand mehr schief angeschaut, der mittags nur einen großen Teller gemischten Salat *(salade composée)* essen möchte oder sich auf das meist preiswerte Tagesgericht *(plat du jour)* beschränkt.

> SPEZIALITÄTEN

Genießen Sie die typisch provenzalische Küche!

aïoli – Mayonnaise aus viel zerstoßenem Knoblauch, Eigelb und Olivenöl

bœuf gardian – das (Stier-)Gulasch der Camargue, mit kräftigen Gewürzen stundenlang in Rotwein geschmort, eng verwandt mit der *daube provençale* aus Rindfleisch

bouillabaisse – Fischsuppe aus Marseille. Drachenkopf *(rascasse)*, Knurrhahn *(grondin)* und Seeaal *(congre)* dürfen auf keinen Fall fehlen. Geröstete Weißbrotscheiben *(croûtons)* werden mit *rouille*, einer Sauce aus Knoblauch, Olivenöl, Chili und Fischsud in die Suppe getunkt

bourride – wie die Bouillabaisse, aber mit edleren Fischen wie Seewolf *(loup)*, Seeteufel *(baudroie)* und Merlan. Die Suppe wird mit *aïoli* gebunden

brandade de morue – Das Stockfischpüree, einst ein Armeleuteessen, ist heute schon fast Luxus geworden

brouillade de truffes – Klassiker unter den Trüffelrezepten: verschlagene Eier, mit Butter vorsichtig erwärmt und mit *crême fraîche* vermischt. Zum Schluss werden frische Trüffeln über das omelettartige Gericht geraspelt (Foto)

calissons d'Aix – Köstlichkeit aus Mandelmasse, Honig, Orange und Melonensirup mit Zuckerguss

fleurs de courgettes – Zucchiniblüten, mit Hackfleisch oder Frischkäse *(brousse)* gefüllt

petits farcis – mit Hackfleisch (und Spinat) gefüllte Gemüse

pieds-paquets – gefüllte Lammkutteln und -füße in einer Sauce aus Tomaten und Wein

ratatouille – Gemüseeintopf aus Auberginen, Paprika, Tomaten, Zwiebeln und Zucchini, in Olivenöl mit Kräutern gedünstet

soupe au pistou – Gemüsesuppe aus weißen Bohnen, Tomaten und Zucchini mit einer dicken Paste aus Basilikum, Knoblauch und Olivenöl

tapenade – Creme aus schwarzen Oliven, Kapern und Sardellenfilets, mit Olivenöl und Pfeffer gemixt

Nachmittags, bei der Pause in einem Straßencafé, ist der kleine Schwarze, der *café* in der Espressotasse, angesagt. Einheimische werden nie eine ganze Schale *café au lait* bestellen, lassen sich aber zur Abwechslung einen Frucht- oder Kräutersirup wie *menthe à l'eau* oder *grenadine* kommen, der im Glas mit Wasser aufgefüllt wird.

Abends, zum *dîner* oder *souper*, das Franzosen nie vor 20 Uhr bestellen, entfaltet die Küche der Provence ihre ganze Pracht. Zwei, drei Stunden sollten Sie sich mindestens für das Abendessen reservieren, um ein Menü von *amuse-gueule* (gratis serviertes Appetithäppchen) bis *zeste de citron* (Zitronenschale auf dem Dessertteller) durchzukosten.

Immer mehr Restaurants legen einen Keller mit Weinen der Region an. Natürlich gibt es schon lange die Anbaugebiete mit der kontrollierten Herkunftsbezeichnung AOC *(appellation d'origine contrôlée)* wie Cassis, Bandol oder das kleine Gebiet um Palette sowie die weltweit gerühmten Weine von Gigondas oder Châteauneuf-du-Pape im Rhônetal. Dazu stoßen in den letzten Jahren immer mehr edle Tropfen aus Gebieten, über deren Produkte die Kenner früher nur die Nase rümpften. Jetzt fordern Weingüter rund um Aix-en-Provence wie Château Revelette (Jouques) und Domaine Richeaume (Puyloubier) der deutschen Winzer Peter Fischer und Henning Hoesch oder Jean-Paul Luc auf Villa Minna (Saint-Cannat) mit ihren Spitzenauslesen ganz offen die übermächtige Konkurrenz mit den großen Namen aus Burgund und Bordeaux heraus.

Zu einfachen Mahlzeiten passt ein offener und preiswerter Wein (*pichet* oder *en carafe)*, und zum Gedeck selbst in Spitzenrestaurants gehört der Gratiskorb mit Weißbrot ebenso

Gaumenfreuden: Kabeljau mit Aïoli

wie die ebenfalls kostenlose Karaffe mit Leitungswasser *(carafe d'eau)*. In der Provence ist es wie in allen romanischen Ländern üblich, dass für einen Tisch nur eine gemeinsame Rechnung ausgestellt wird. Die meisten Restaurants haben einen Ruhetag pro Woche und häufig auch je nach Saison unterschiedliche Öffnungszeiten; empfehlenswert ist auf jeden Fall immer eine Tischreservierung.

EINE FUNDGRUBE FÜR GENIESSER

Delikatessen und farbenfrohe Stoffe sind klassische Provencesouvenirs

> Frankreich ist generell kein billiges Pflaster, die Provence macht da keine Ausnahme, ist aber eine Fundgrube für Kenner und Genießer, wenn es sich um klassische Souvenirs wie Delikatessen, Wein, Olivenöl, Stoffe oder Kunsthandwerk handelt.

Fast alle Supermärke in der Provence sind Mo–Sa bis 22 Uhr geöffnet. In Lebensmittelgeschäften in den Innenstädten können Sie – bei allerdings happigen Preisen – bis Mitternacht einkaufen.

KERAMIK

Das Zentrum für Töpferei ist seit 500 Jaren Aubagne, die Heimatstadt des provenzalischen Schriftstellers und Filmregisseurs Marcel Pagnol, mit ihrem Keramikmarkt *Argilia* von Mitte Juli bis Ende August. Moustiers-Sainte-Marie am Verdon hat seinen eigenen Fayencestil bewahrt, aber auch in Arles, Marseille, Apt oder Grans gibt es interessante Kreationen aus Lehm bzw. Ton.

KULINARIA

Bei den kulinarischen Spezialitäten lohnt sich der Blick auf die Originale. Das gilt insbesondere für Nougat, der seinen Weltruf Émile Loubet, einst Bürgermeister von Montélimar, verdankt. Als französischer Staatspräsident von 1899–1906 verehrte er jedem Staatsgast eine Kostprobe aus seiner Heimat – eine wunderbare Marketingstrategie. Nachahmer in der ganzen Provence haben die *calissons* aus Mandelmasse, Honig, Orange und Melonensirup aus Aix-en-Provence gefunden. Neben diesen Köstlichkeiten bietet die Provence weitere Spezialitäten an: von Olivenöl aus Nyons, den Alpilles, Aix oder der Hochprovence bis zu Kräutern, Trüffeln und den *berlingots* aus Carpentras oder den kandierten Früchten aus Apt.

KUNSTHANDWERK

Antiquitäten werden vor allem in L'Isle-sur-la-Sorgue gehandelt. Die typisch provenzalischen Krippenfiguren aus Ton

> EINKAUFEN

gibt es in allen Größen und Preislagen. In der Adventszeit ist das Angebot bei den Spezialmärkten in Marseille, Aubagne oder Aix-en-Provence riesengroß, aber selbst im Sommer werden Liebhaber in Werkstätten fündig.

MODE

Zu den großen Couturiers Frankreichs zählt Christian Lacroix aus Arles, der zum Beispiel einen TGV-Hochgeschwindigkeitszug bunt designte. Eine Fundgrube für junge Mode sind die Geschäfte in Marseille, das nicht umsonst ein Modemuseum beherbergt.

MUSIK

Die Provence steht nicht nur für Feinkost oder Kunsthandwerk. Marseille gilt in Frankreich als Mekka des Hip-Hop, seitdem Bands wie IAM *(www.iam.tm.fr)*, Massilia Sound System oder Quartiers Nord *(www.quartiersnord.com)* mit einem Mix aus Techno, Rap, nordafrikanischen Elementen und provenzalischer Tradition angetreten sind.

TEXTILES

Stoffe, Tischdecken, Servietten und Tücher in den leuchtenden Farben der Provence finden Sie überall auf den Märkten. Für Qualität stehen die Hersteller Les Olivades (Saint-Étienne-du-Grès), Souleïado (Tarascon) oder alteingesessene Geschäfte wie La Victoire (Aix-en-Provence).

WEINE UND PASTIS

Weine kaufen Sie am besten direkt beim Winzer oder in den Weinhäusern *(Maisons des Vins)*, die von Bandol direkt am Meer 50 km östlich von Marseille bis zu Saint-Paul-Trois-Châteaux im Norden der Provence regionale Weine verschiedener Erzeuger ohne großen Aufpreis anbieten. Fast überall gibt es den Anisschnaps Pastis, der den einst verbotenen Absinth ersetzt hat. Kenner schwören auf ihren Pastis wie den Ricard des Erfinders Paul Ricard aus Marseille, den Janot aus Aubagne oder den nach Kräutern duftenden Henri Bardouin aus Forcalquier.

> BUNTE VIELFALT ZWISCHEN MONTÉLIMAR UND NYONS

Die Würze von Trüffeln, die Süße von Nougat, mittelalterliche Dörfer und mächtige Schlösser prägen den Landstrich

> Olivenhaine und Mandelbäume, kräftig duftende Kräuter, Lavendelfelder und Weinberge, viel Sonne und der Mistralwind: Reisende aus dem Norden spüren mit allen Sinnen, dass Montélimar das Tor zum Süden Frankreichs ist.

Zwar gehört der Landstrich zwischen Rhône im Westen und Alpen im Osten, zwischen Vercors im Norden und Mont Ventoux im Süden nicht zur Verwaltungsregion Provence-Alpes-Côte d'Azur, aber schon der Name Drôme Provençale verrät: Der südliche Teil des Départements mit der Hauptstadt Valence orientiert sich eher an Marseille als an Lyon und fühlt sich als Teil der Provence.

Für die Zugehörigkeit zur Provence spricht nicht nur die Geschichte, sondern vor allem das Klima und die Gastronomie. Im Süden, im Tricastin, gedeihen Trüffeln, im Osten, rund um Nyons, wachsen die nördlichsten Olivenbäume Frank-

Bild: Tricastin, Schloss von Grignan

DER NORDEN

reichs, überall blühen im Winter bei milden Temperaturen die Mandelbäume, die für den Rohstoff des weißen Nougats sorgen, der Spezialität von Montélimar.

Die Drôme Provençale ist trotz der mittelalterlichen Dörfer, der mächtigen Schlösser und der guten Weine touristisch ein Geheimtipp geblieben und heute noch eine preiswerte Einstimmung auf die Provence. Gut eineinhalb Dutzend *bistrots de pays* *(www.bistrotdepays.com)*, also kleine Landgasthöfe, servieren in den Dörfern regionale Spezialitäten zu erschwinglichen Preisen und bieten zum Teil Übernachtungsmöglichkeit.

Gegenüber, am rechten Ufer der Rhône, gehören die Schluchten der Ardèche nicht nur für begeisterte Paddler zu den Höhepunkten einer Reise in die nördliche Provence, auch wenn sie eigentlich schon nicht mehr zu dieser zählen.

MONTÉLIMAR

[118 A–B1–2] **Die alte Relaisstation für Postkutschen ist dank Autobahn und Umgehungsstraßen zur Ruhe gekommen.** Die für ihre Nougatfabriken berühmte Stadt (33 000 Ew.) hat sich herausgeputzt und lädt mit der Fußgängerzone im Zentrum zum Spazierengehen ein.

Mundwässerndes Muss in Montélimar: Musée du Nougat Arnaud Soubeyran

Schönste Gebäude sind die *Maison de Diane de Poitiers (place Emile Loubet)* aus dem 15. Jh. mit ihrer Renaissancefassade und die Stiftskirche *Sainte-Croix (rue Sainte-Croix)* mit einer Orgel aus dem 19. Jh.

SEHENSWERTES

CHÂTEAU DES ADHÉMAR

Hoch über der Stadt thront das Schloss aus dem 11./12. Jh. Vom Rundweg auf den Schlossmauern eröffnet sich Ihnen ein schöner Blick auf die Stadt und das Rhônetal. Bis 1926 wurde das Schloss als Gefängnis genutzt, heute ist in ihm ein Zentrum für zeitgenössische Kunst untergebracht. *tgl. 9.30–12 und 14–18, Winter bis 17.30 Uhr | rue du Château | 3,50 Euro*

MUSÉE DES SUCRERIES/PALAIS DES BONBONS ET DU NOUGAT

Der Ruf als Stadt des Nougats verpflichtet. Auf 800 m² Fläche machen Sie einen interaktiven Spaziergang durch die Welt der Süßigkeiten, sehen Videos über die Herstellung von Bonbons oder Nougat und dürfen sogar selbst naschen. *Juli–Aug. tgl. 10–19, Sept.–Juni Mo 14–19, Di–Sa 10–12, 14–19, So 10–12.30 und*

13.30–19 Uhr, Jan. geschl. | 100, route de Valence | 6 Euro

ESSEN & TRINKEN

BALTHAZAR & JEROBOAM

In dem neu gestalteten Viertel Saint-Martin unweit des Stadtzentrums eröffnete Jean-André Charial, der Eigentümer des Luxusrestaurants Oustau de Baumanière in den Alpilles, im Frühjahr 2008 das Gourmetrestaurant Balthazar. *So abends, Mo geschl. | Espace Saint-Martin | Tel. 04 75 00 09 00 | www.maisonsdebaumaniere.com* | €€€. Das von Architekt Jean-Michel Wilmotte entworfenen Jeroboam ist der kleine, preisgünstige Bistrot-Bruder an gleicher Adresse (€–€€)

LE BISTRO LATIN ▶▶

Im Süden der Altstadt, nicht weit vom Miniaturmuseum entfernt, finden Sie dieses Restaurant mit Terrasse. Abends öffnet die Pianobar und es werden Cocktails angeboten. *So geschl. | 3, rue du Collège | Tel. 04 75 51 90 76 | www.bistro-latin.com* | €–€€

EINKAUFEN

MUSÉE DU NOUGAT

Die Nougat-Tradition mit heimischen Zutaten wahrt das Familienunternehmen ★ *Arnaud Soubeyran*, das mitten im hässlichen Gewerbegebiet an der Nationalstraße 7 im Süden der Stadt neben der Fabrik ein sehenswertes, nach Süßem duftendes Nougatmuseum mit einem netten Café eingerichtet hat. *Mo–Sa 8.30–19, So 10–12 und 14.30–18.30 Uhr | RN 7 | Eintritt frei | www.nougatsoubeyran.com*

ÜBERNACHTEN

HÔTEL DU PARC

Kleines, von den neuen Eigentümern renoviertes Haus mit hellen Zimmern im Süden des Stadtparks, nur ein paar Schritte vom Bahnhof entfernt. *16 Zi. | 27, boulevard du Général de Gaulle | Tel. 04 75 01 00 73 | Fax 04 75 51 27 93 | www.hotelduparc-montelimar.com* | €

SPHINX

Die Fassade des Gebäudes aus dem 17. Jh. ist mit Efeu überwachsen.

MARCO POLO HIGHLIGHTS

★ **Kathedrale Notre-Dame**
Ein Meisterwerk der romanischen Baukunst in Saint-Paul-Trois-Châteaux (Seite 36)

★ **Arnaud Soubeyran**
Nougat in bester Qualität mit Zutaten aus der Region in Montélimar (Seite 33)

★ **L et Lui**
Cédric Denaux zaubert mit originellen Gemüsesorten im Tricastin (Seite 37)

★ **Le Poët-Laval**
Ein Mittelalterdorf wie aus dem Bilderbuch (Seite 35)

★ **Schloss von Grignan**
Hinter der Renaissancefassade schrieb die Marquise von Sévigné berühmte Briefe (Seite 34)

★ **Gorges de l'Ardèche**
Paddeln durch eine der schönsten Schluchten Frankreichs (Seite 34)

Das Innere ist komfortabel und mit alten Möbeln ausgestattet. *24 Zi. | 19, boulevard Desmarais | Tel. 04 75 01 86 64 | Fax 04 75 52 34 21 | www.sphinx-hotel.fr | €–€€*

AUSKUNFT

Allées Provençales | Tel. 04 75 01 00 20 | Fax 04 75 52 33 69 | www.montelimar-tourisme.com

ZIELE IN DER UMGEBUNG

Insider Tipp

LES BARONNIES [119 E–F3–4]

Die stille Berglandschaft ist ein idealer Garten für Lindenblüten, Lavendel und Heilpflanzen. Mit seinem *Markt (Mi-Vormittag)* ist der behutsam renovierte Hauptort *Buis-les-Baronnies* (2400 Ew.) 70 km südöstlich von Montélimar ein Anziehungspunkt. Der Bischof von Valence hatte hier im 16. Jh. seine Sommerresidenz. Heute bietet das Gästehaus *L'Ancienne Cure (2, rue du Paroir | Tel. 04 75 28 22 08 | www.ancienne-cure.com | €€)* fünf schön eingerichtete Gästezimmer in der Nähe des Ortszentrums. Am Ortseingang beherbergt das Verkehrsamt die *Maison des Plantes Aromatiques et Médicinales (Mo–Sa 9–12 und 14–17.30, So 10–12 und 15–18, Juli/Aug. Mo–Sa 9–12.30 und 15–19, So 10–12 und 15–18 Uhr | boulevard Eysséric | 2,50 Euro | www.buislesbaronnies.com),* ein Museum, das die Geschichte der Duft- und Heilpflanzen anschaulich macht.

CHÂTEAUNEUF-DE-MAZENC [118 C2]

Wer enge Gassen, alte Steinhäuser und Ruhe liebt, ist in dem mittelalterlichen Dorf 15 km östlich von Montélimar gut aufgehoben. Der Weiler auf dem Hügel, von Liebhabern aus der ganzen Welt sorgfältig restauriert, gehört zum Dorf La Bégude, in dem Exstaatspräsident Émile Loubet ein Schloss als Zweitwohnsitz besaß.

GORGES DE L'ARDÈCHE ★ [0]

Außerhalb der Provence, rund 55 km südwestlich von Montélimar, erwartet Reisende ab Pont-Saint-Esprit eine der schönsten Schluchten ganz Frankreichs. Schon die 38 km lange *Panoramastraße* in den Gorges de l'Ardèche von Saint-Martin d'Ardèche nach Vallon-Pont d'Arc bietet Autofahrern atemraubende Ausblicke auf den 119 km langen Rhônezufluss, der von Grotten wie dem *Aven de Marzal* (mit Höhlenkundemuseum), der *Grotte de la Madeleine,* der *Grotte Saint-Marcel* oder der erst 1994 entdeckten *Grotte Chauvet* gesäumt wird. Unvergesslich werden aber Wanderungen oder Kanufahrten (sechs bis neun Stunden, wegen Stromschnellen eher für erfahrene Wassersportler geeignet, in der Hochsaison unbedingt reservieren!) in der Schlucht. Auskunft: *cours du Palais | Privas | Tel. 04 75 64 04 66 | Fax 04 75 64 23 93 | www.ardeche-guide.com; 1, place de l'Ancienne Gare | Vallon Pont d'Arc | Tel. 04 75 88 04 01 | www.vallon-pont-darc.com*

GRIGNAN [118 C3]

Wenn die Marquise de Sévigné hier nicht die berühmten Briefe an ihre Tochter geschrieben hätte, wäre das ★ *Schloss von Grignan (Führungen tgl., Winter Mi–Mo 9.30–12 und 14–18 Uhr | 5,50 Euro)* mit seiner imposanten Renaissancefassade aus dem 16. Jh. wahrscheinlich schon längst geplündert worden. Heute organisiert das Dorf 25 km südöstlich von Montélimar Sommernachtsfeste mit Theateraufführungen im Schloss, literarische Begegnungen sowie Anfang Juli als Hommage an die Marquise ein Korrespondenzfestival mit Schönschriftwerkstätten. Auskunft: *place du Jeu de Ballon | Tel. 04 75 46 56 75 | Fax 04 75 46 55 89 | www.guideweb.com/grignan*

Le Tisonnier – urgemütlich speisen inmitten ganz besonderer Dekoration

LA GARDE-ADHÉMAR [118 B3]

Rund 20 km südlich bietet hoch über dem Rhônetal der ✲ Vorplatz der wunderschönen romanischen *Kirche Saint-Michel* einen Panoramablick auf Fluss und Landschaft. Unterhalb der Kirche ist ein sehens- und riechenswerter Garten mit Rosen und Heilkräutern angelegt *(Jardin des Herbes)*. Das Dorf mit seinen Gassen, kleinen Plätzen, Brunnen und Häusern wurde hübsch restauriert. Das Restaurant *Le Tisonnier (So-Abend und Mo geschl. | rue de la Fontaine | Tel. 04 75 04 44 03 | €€)* ist mit allerlei Krimskrams und Plakaten dekoriert, den Dorfplatz belebt inzwischen das *Bistrot L'Absinthe (Hochsaison tgl. 9–13, sonst Mi–Mo nur mittags geöffnet | Tel. 04 75 04 44 38 | €)* mit feiner regionaler Küche und Bouleplatz.

LE POËT-LAVAL ★ [118 C2]

20 km östlich von Montélimar eines dieser wunderschönen Dörfer, die erst nach dem Zweiten Weltkrieg von Kunsthandwerkern und begüterten Steineliebhabern vor dem Verfall ge-

rettet wurden. Die *Komturei der Johanniter (Commanderie | nur Juli/Aug. Di–So 11–12.30 und 15–19 Uhr | 3,50 Euro)* kümmerte sich im Mittelalter um Kreuzritter, heute beherbergt ein Teil des Gebäudes ein Luxushotel. In einem Haus aus dem 14. Jh. ist das sehenswerte *Museum der Geschichte des Protestantismus in der Dauphiné (Musée du Protestantisme Dauphinois | April–Nov. tgl. 11–12 und 15–18.30, Juli/Aug. 11–12 und 15.30–19.30 Uhr | 3 Euro | www.museeduprotestantismedauphinois.org)* untergebracht. Lohnend ist eine Pause bei hausgemachtem Kuchen in der Insider Tipp *Cafébuchhandlung Bouquinerie Dit-Elle (La Maison des Remparts | April–Sept. Di, Okt.–März Mo–Fr geschl.)* mitten im Dorf.

> LOW BUDGET

- > Spezialitäten der Region frisch vom Markt und eine exquisite Weinkarte bietet *Aux Gourmands* in Montélimar mit Sommerterrasse. Das *menu terroir* in zwei Varianten kostet nur 17 bzw. 23 Euro. *(So, Mo geschl. | 8, place du Marché | Tel. 04 75 01 16 21 | http://aux-gourmands.fr).*
- > Schwimmbad und großer Garten – und das mitten im Dorf: Im über 300 Jahre alten *Hôtel des Arcades* in Buis-les-Baronnies kostet selbst in der Hochsaison das Komfort-Doppelzimmer unter 60 Euro. Wer es noch geräumiger haben möchte, muss 70 Euro veranschlagen *(15 Zi. | place des Arcade | Tel. 04 75 28 11 31 | Fax 04 75 28 12 07 | www.hotelarcades.fr).*

NYONS [119 D4]

Das Provinzstädtchen (knapp 7000 Ew.) 50 km südöstlich von Montélimar profitiert von seinem Mikroklima (2800 Sonnenstunden pro Jahr), den Olivenhainen und 200 Arten von Gewürz-, Duft- und Heilkräutern, die im *Jardin des Arômes (Eintritt frei)* am Ufer des Flusses Eygues für Besucher gepflanzt sind.

Sehenswert sind der *Pont Roman,* eine Brücke aus dem 14. Jh., und die Altstadt um die *Place des Arcades* mit Häusern aus dem 14. Jh., auf der Do-Vormittag und im Sommer auch So-Vormittag Markt abgehalten wird.

10 km von Nyons liegt einer der schönsten Landgasthöfe der Region: die Insider Tipp *L'Auberge du Petit Bistrot (Mo, Di und Jan. geschl. | place de l'Eglise | Vinsobres | Tel. 04 75 27 61 90 | www.aubergedupetitbistrot.fr | €)* mit kleiner Terrasse direkt an der Dorfkirche. Die Familie serviert nach Großmutters Rezepten einen üppigen provenzalischen Teller oder preisgünstige Menüs, im Winter gibt es frische Trüffeln. Auch zwei bezaubernde Gästezimmer und eine große Ferienwohnung sind zu mieten (€).

SAINT-PAUL-TROIS-CHÂTEAUX [118 B4]

Drei Schlösser – der Zusatz für Saint-Paul kommt vom Namen Tricastin für die Trüffelregion. Die Stadt (7300 Ew.) 28 km südlich von Montélimar birgt mit der ★ *Kathedrale Notre-Dame* ein Juwel der romanischen Baukunst in der Provence mit einem über 20 m hohen Kirchenschiff. Nebenan, in der *Maison de la Truffe et du Tricastin (Sommer Di–Sa 9–12, So 10–12 und tgl. 15–19, Winter Di–So 10–12 und 14–18 Uhr | rue de la République | 3,50 Euro | www.maisondelatruffe.com)* wird das Geheimnis der schwarzen Trüffeln in Wort, Bild und Videofilmen erklärt. Im Hotelrestaurant *L'Esplan (36 Zi. | place de L'Esplan | Tel. 04 75 96 64 64 | www.esplan-provence.com | €€)*, einer Relaisstation aus dem 16. Jh., kocht jetzt Laurant Ocana. Der frühere Küchenchef Cédric Denaux hat mit seiner Frau Cathy das neue Feinschmeckerlokal ★ *L et Lui (2, rue Charles Chaussy | Tel. 04 75 46 61 14 | www.letlui.com | €€–€€€)* aufgemacht und zaubert dort Köstliches auf die Teller.

SUZE-LA-ROUSSE **[118 B4]**

Das hätten sich die Feudalherren des Dorfs 40 km südlich von Montélimar im Mittelalter nicht träumen lassen: Ihr Schloss mit der Fassade aus dem 12. Jh. und dem Innenhof im Renaissancestil ist seit 1978 der Sitz der weltweit einzigartigen Weinuniversität *(www.universite-du-vin.com)*, in der nicht nur Winzer, Önologen und Sommeliers ausgebildet werden, sondern auch Amateure Wochenend- oder Tageskurse belegen dürfen. Am Fuß des Schlosses *(im Sommer tgl., Vor- und Nachsaison Mi–Mo 9.30–11.30 und 14–17.30 Uhr | 3,50 Euro)* ist ein Weinberg mit rund 70 verschiedenen Rebsorten aus der ganzen Welt angelegt. Schöne und liebevoll dekorierte Zimmer bieten Maryline und Pascal Broussard in einer ehemaligen, ca. 1 km vom Dorf entfernten ruhig gelegenen Mühle mit Schwimmbad sowie einem 5 ha großen Obst- und Gemüsegarten *(Le Moulin de Champdurand | 5 Zi. | Tel. 04 75 98 87 59 | Abendessen nach Reservierung | www.moulindechampdurand.com | €)*.

Insider Tipp

Im Hinterland der Rhône: Weinfelder und Weingärten bis zum Horizont – und bei Suze-la-Rousse die erste Weinuniversität der Welt

> STOLZE STÄDTE, STILLE DÖRFER, TIEFE SCHLUCHTEN

In der Mitte der Provence begeistert ein Kontrastprogramm aus Kultur und Natur

> Städte mit großer und langer Geschichte wie Avignon und Orange, die höchsten Gipfel der Provence mit dem Mont Ventoux (1909 m) und dem Signal de Lure (1826 m), dazu Obstplantagen, Lavendelfelder und Weinberge zwischen Rhône und Durance gestalten die Region.

Die Mitte der Provence mit stolzen Städten und stillen Dörfern geizt nicht mit Reizen, die ihr die Natur gegeben hat. Die regionalen Naturparks Luberon (Département Vaucluse) und Verdon (Alpes-de-Haute-Provence) sind heute ein Beispiel dafür, wie Menschen verantwortungsvoll mit diesem Erbe umgehen.

AVIGNON

KARTE AUF SEITE 42

[121 E3] In der Geschichte der Christenheit ist die Zeit, als im 14. Jh. die Päpste in Avignon regierten, nur ein kurzer Ab-

Bild: Sonneblumenfelder bei Lacoste

DIE MITTE

schnitt. Die Stadt (90000 Ew.) an der Rhône ist aber noch heute vom mächtigen Papstpalast und der 700 Jahre alten, 4,3 km langen Stadtmauer *(remparts)* geprägt. Palast, Kirchen, Kardinalsresidenzen und Bürgerhäuser bilden jeden Sommer eine beeindruckende Kulisse für die größten Theaterfestspiele der Welt, die Tausende von jungen Leuten in die Stadt locken, die dann zu einer einzigen großen Bühne wird.

Avignon lässt sich problemlos zu Fuß erobern; Parkplätze sind an der Stadtmauer oder auf der Rhôneinsel Piot (hier gibt es 1500 Gratisplätze, der Zubringerbus ist ebenfalls umsonst) zu finden, sie halten das historische Zentrum der Stadt weitgehend vom Autoverkehr frei. Den schönsten Blick auf die Stadt, den Papstpalast und die berühmte Brücke von Avignon haben Sie von der Rhôneinsel La Barthelasse.

AVIGNON

SEHENSWERTES

Die Stadt Avignon gibt zusammen mit Villeneuve-lès-Avignon am anderen Rhôneufer einen Gratispass aus, der Ermäßigungen für Ausflüge, Rundfahrten und den Eintritt in Museen und Sehenswürdigkeiten gewährt. Kreuzfahrten auf der Rhône organisiert *Grands Bateaux de Provence (allée de l'Oulle | Tel. 04 90 85 62 25 | 8 Euro).* Lohnend sind Spaziergänge in der Altstadt. Machen Sie zum Beispiel einen Gang durch die *Rue des Teinturiers,* hier sehen Sie alte Mühlen am Kanal.

COLLECTION LAMBERT

Im renovierten und modernisierten Palais Hôtel de Caumont aus dem 18. Jh. werden interessante Wechselausstellungen und zeitgenössische Kunst aus der Privatsammlung des Händlers Yvon Lambert gezeigt. *Di–So 11–18, Sommer bis 19 Uhr | 5, rue Violette | 5,50 Euro | www.collectionlambert.com*

Fast eine Stadt in der Stadt: Der ausgedehnte, festungsartige Papstpalast lässt die damals höchst irdische Macht der Päpste erahnen

FONDATION ANGLADON

Insider Tipp

Die Stiftung des Künstlerpaars Jean und Paulette Angladon-Dubrujeaud glänzt mit Meisterwerken des 19. und 20. Jhs. von Cézanne, Picasso, Degas oder Modigliani. Überdies ist hier das einzige dauerhaft in der Provence ausgestellte Gemälde Vincent van Goghs zu sehen. *Mi–So 13–19, Winter bis 18 Uhr | 5, rue Laboureur | 6 Euro | www.angladon.com*

MUSÉE CALVET

In dem herrlichen Stadtpalais aus dem 18. Jh. sind Gemälde von Joseph Vernet (1714–1789) ausgestellt, der in Avignon lebte und seine Heimatstadt in vielen Bildern verewigte. *Mi–Mo 10–13 und 14–18 Uhr | 65, rue Joseph Vernet | 6 Euro*

PALAIS DES PAPES (PAPSTPALAST) ★

In knapp 30 Jahren haben die beiden Päpste Benedikt XII. *(Palais Vieux)* und Klemens VI. *(Palais Neuf)* im 14. Jh. die mächtige Zitadelle mit zwei Palästen und zum Teil über 50 m hohen Mauern bauen lassen. Außer einigen Fresken, Kaminen, Decken und Mosaiken ist von der Inneneinrichtung seit der Französischen Revolution nichts mehr übrig, doch eine Führung durch die Räume lässt die ehemalige Pracht erahnen. Im Sommer ist der Palast Schauplatz für Kunstausstellungen und Bühne für das Festival d'Avignon im Ehrenhof *(Cour d'Honneur)* des Palasts. Zum Komplex gehört die Kathedrale *Notre-Dame-des-Doms* mit ihrer schlichten romanischen Kuppel und einer 1859 aufgesetzten Marienstatue. Hinter der Kirche schließt sich der Park *Rocher des Doms* mit seinen Terrassen und Ausblicken auf Rhônetal und Mont Ventoux an. *Sommer tgl. 9–19 (Juli bis 21), Winter 9.30–17.45 Uhr | Eintritt (inkl. Kopfhörer mit Erklärungen in deutscher Sprache) 9,50 Euro | www.palais-des-papes.com*

PETIT PALAIS

Im Norden des riesigen Platzes vor dem Papstpalast steht das Petit Palais, eine ehemalige Kardinalsresidenz und heute Kunstmuseum mit gotischen und romanischen Skulpturen, Bildern von italienischen Meistern des 13./14. Jhs. sowie Beispielen für die Schule von Avignon im 15./16. Jh. *Mi–Mo 10–13 und 14–18 Uhr | Place du Palais | 6 Euro*

MARCO POLO HIGHLIGHTS

★ **Théâtre Antique (Antikes Theater)**
Das perfekt erhaltene römische Theater in Orange (Seite 55)

★ **Mont Ventoux**
Der „Riese der Provence" mit seiner kahlen Kuppe (Seite 57)

★ **Palais des Papes (Papstpalast)**
Die Residenz der Päpste mitten in Avignon (Seite 41)

★ **Pont du Gard**
Die schönste Wasserleitung der Welt (Seite 47)

★ **Sénanque**
Romanisches Kloster inmitten von Lavendelfeldern (Seite 53)

★ **Grand Canyon du Verdon**
Spektakulär: die in ganz Europa einmalige Felsenschlucht (Seite 60)

★ **Vaison-la-Romaine**
Spuren aus Römerzeit und Mittelalter (Seite 58)

★ **Venasque**
Bilderbuchdorf auf einem Felsrücken (Seite 48)

AVIGNON

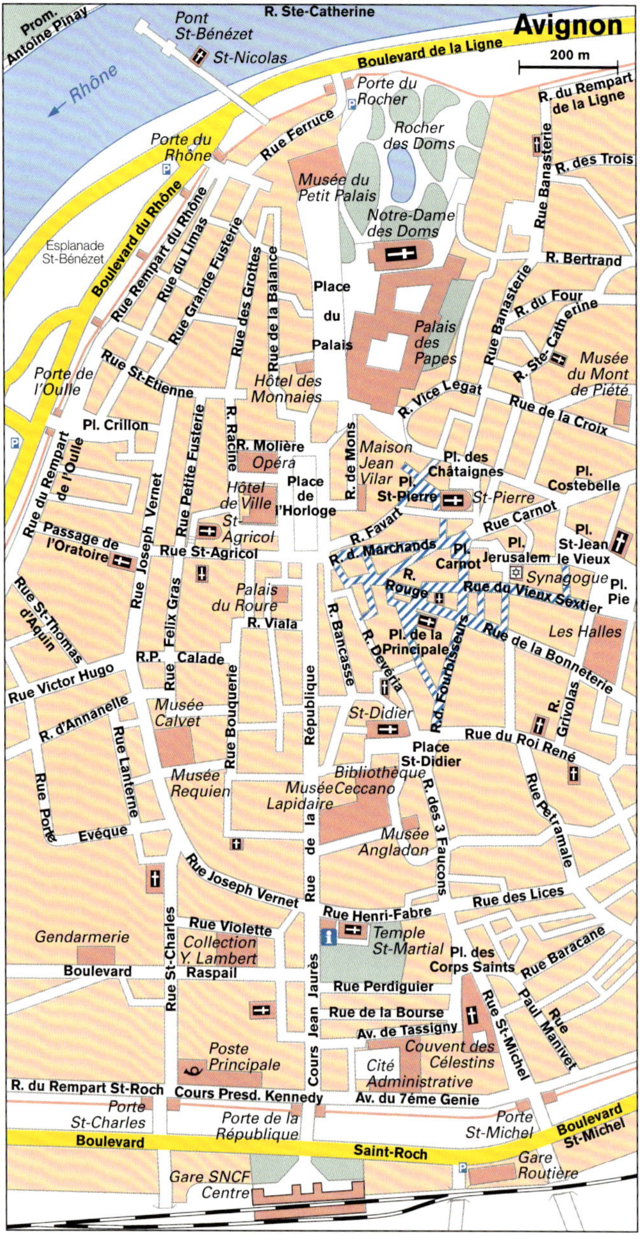
Avignon
200 m
Prom. Antoine Pinay
Rhône
Pont St-Bénézet
St-Nicolas
R. Ste-Catherine
Boulevard de la Ligne
Porte du Rocher
Rocher des Doms
R. du Rempart de la Ligne
Rue Ferruce
Porte du Rhône
Musée du Petit Palais
Notre-Dame des Doms
R. des Trois
Rue Banasterie
Esplanade St-Bénézet
Boulevard du Rhône
Rue Rempart du Rhône
Rue du Limas
Rue Grande Fusterie
Rue des Grottes
Rue de la Balance
Place du Palais
Palais des Papes
R. Bertrand
R. du Four
R. Ste-Catherine
Musée du Mont de Piété
Rue St-Etienne
Porte de l'Oulle
Hôtel des Monnaies
R. Vice Legat
Rue de la Croix
Pl. Crillon
Rue du Rempart de l'Oulle
Rue Petite Fusterie
R. Racine
R. Molière
Opéra
R. de Mons
Maison Jean Vilar
Pl. des Châtaignes
Pl. Costebelle
Hôtel de Ville
Place de l'Horloge
Pl. St-Pierre
St-Pierre
Rue Carnot
Passage de l'Oratoire
Rue Joseph Vernet
St-Agricol
Rue St-Agricol
R. Favart
R. d. Marchands
Pl. Carnot
Pl. Jerusalem
Pl. St-Jean le Vieux
Synagogue
Pl. Pie
Rue St-Thomas d'Aquin
Rue Felix Gras
Palais du Roure
R. Viala
R. Rouge
Rue du Vieux Sextier
R. Bancasse
R. Deveria
Pl. de la Principale
Rue de la Bonneterie
Les Halles
R.P.
Rue Calade
Rue Victor Hugo
Musée Calvet
Rue Bouquerie
Rue de la République
St-Didier
R. d. Fourbisseurs
R. Grivolas
R. d'Annanelle
Rue Lanterne
Place St-Didier
Rue du Roi René
Musée Requien
Bibliothèque Ceccano
Musée Lapidaire
R. des 3 Faucons
Rue Petramale
Rue Porte Evéque
Musée Angladon
Rue Joseph Vernet
Rue des Lices
Rue Henri-Fabre
Gendarmerie
Rue Violette
Collection Y. Lambert
Temple St-Martial
Pl. des Corps Saints
Rue Baracane
Boulevard Raspail
Rue St-Charles
Rue Perdiguier
Rue de la Bourse
Rue St-Michel
Rue Paul Manivet
Av. de Tassigny
Cours Jean Jaurès
Poste Principale
Couvent des Célestins
Cité Administrative
R. du Rempart St-Roch
Cours Presd. Kennedy
Av. du 7éme Genie
Porte St-Charles
Porte de la République
Porte St-Michel
Boulevard St-Michel
Boulevard Saint-Roch
Gare Routière
Gare SNCF Centre

PLACE DE L'HORLOGE ▶▶
Ein paar Schritte vom Papstpalast, ist dieser stets belebte Platz der zentrale Treffpunkt Avignons mit Dutzenden von Cafés und Restaurants, dem Rathaus, dem Uhrturm und der Oper, von deren Fassade eine Molière-Statue das bunte Treiben betrachtet.

PONT SAINT-BÉNÉZET
Das ist sie, die berühmte Brücke von Avignon; seit dem 17. Jh. nur noch ein Torso in der Rhône, war sie schon immer zu eng, um darauf zu tanzen. Gefeiert wurde am rechten Rhôneufer auf der Insel Barthelasse. Mireille Mathieu hat auf der Brücke ein hochmodernes Chansonmuseum *(Musée de la Chanson | tgl. 9–19, im Winter 9.30–17.45 Uhr | 4 Euro)* eingeweiht, in dem Besucher einen eigenen Videoclip gestalten können.

ESSEN & TRINKEN

Insider Tipp
ENTRÉE DES ARTISTES
Eng, aber gemütlich sitzt und richtig gut isst man in der Bistroatmosphäre. Im Sommer kleine Terrasse. *So geschl. | 1, place des Carmes | Tel. 04 90 82 46 90 |* €–€€

CHRISTIAN ÉTIENNE
Provenzalischer Sternekoch in einem Palast aus dem 14. Jh. Spezialität sind Trüffeln und Tomaten. *So/Mo geschl. | 10, rue de Mons | Tel. 04 90 86 16 50 | www.christian-etienne.fr |* €€€

WOOLLOOMOOLOO ▶▶
Modetreff mit origineller Dekoration, Garten im Hinterhof und am Wochenende mit Programmabenden in einer der schönsten Gassen der Altstadt. *Tgl. | 16, rue des Teinturiers | Tel. 04 90 85 28 44 | www.woolloo.com |* €–€€

EINKAUFEN
Avignon ist eine Großstadt, in der fast alle großen Modemarken mit Geschäften zwischen der rue de la République und der rue Joseph Vernet vertreten sind.

Den schönsten Blick auf Avignon haben Sie vom anderen Ufer der Rhône

MÄRKTE

Di–So findet der Wochenmarkt in den Hallen *(Halles | place Pie)* statt, Blumen gibt es Sa auf der *place des Carmes,* der Krämermarkt öffnet Sa und So an der Stadtmauer *(rempart Saint-Michel),* der Flohmarkt So auf der *place des Carmes.*

ÜBERNACHTEN

LA FERME

Der ehemalige Bauernhof auf der Rhôneinsel Barthelasse bietet große Zimmer und ein gutes Restaurant. *20 Zi. | 110, chemin des Bois | Tel. 04 90 82 57 53 | Fax 04 90 27 15 47 | www.hotel-laferme.com | €€*

LA MIRANDE

Gleich beim Papstpalast steht eines der schönsten Häuser der Region mit Luxuszimmern und *Gourmetrestaurant (Di/Mi geschl.).* Für Hobbyköche gibt es Kochkurse. *19 Zi. | 4, place de la Mirande | Tel. 04 90 14 20 20 | Fax 04 90 86 26 85 | www.la-mirande.fr | €€€*

SAINT ROCH

Eine kleine Oase: Ruhiges Haus mit schönem Garten, in der Nähe des Bahnhofs gelegen. *27 Zi. | 9, rue Mérindol | Tel. 04 90 16 50 00 | Fax 04 90 82 78 30 | www.hotelstroch-avignon.com | €–€€*

>LOW BUDGET

- Ein üppiges Menü für 19,50 Euro gibt es beim deutsch-korsischen Wirtspaar im Landgasthof *Le Fougassais* am Fuß des Lure-Gebirges *(Mo, im Winter auch Di/Mi geschl. | Ortseingang von Mallefougasse | an der D 951 | Tel. 04 92 77 00 92).*
- Die Jugenherberge in Manosque liegt ca. 800 m vom Stadtzentrum entfernt und ist auch für Familien interessant *(Auberge de Jeunesse | 57 Betten | parc de la Rochette | Tel. 04 92 87 57 44).* Für eine Einzelperson kostet die Nacht mit Frühstück 15,55 Euro. Eine Besonderheit ist das Mittagessen aus mindestens 70 Prozent Bioprodukten für 10,80 Euro.

AM ABEND

In der Festspielzeit kommt Avignon erst in den frühen Morgenstunden zur Ruhe. Außerhalb des Sommers trifft sich die Szene im ▸▸ *Bistrot Utopia* und im ▸▸ *Grand Café (beide nebeneinander | 4, rue des Escaliers/rue Sainte-Anne).* Techno- und Housepartys am Wochenende organisiert *Red Zone (25, rue Carnot | Tel. 04 90 27 02 44 | www.redzonebar.com).*

AUSKUNFT

41, cours Jean-Jaurès | Tel. 04 32 74 32 74 | Fax 04 90 82 95 03 | www.ot-avignon.fr, www.avignon-tourisme.com

ZIELE IN DER UMGEBUNG

CARPENTRAS [122 A1]

Die Stadt gut 20 km nordöstlich (26 000 Ew.) war im 14. Jh. Hauptstadt des Comtat Venaissin, des Landbesitzes der Päpste in der Provence. Der *Freitagsmarkt* in der Altstadt zählt zu den größten Märkten der Provence. Im Winter ist der Markt zudem der wichtigste Umschlagplatz der Region für die schwarzen Trüffeln.

Sehenswert sind die *Kathedrale Saint-Siffrein* (15. Jh.), die perfekt erhaltene Apotheke aus dem 18. Jh. im Krankenhaus *(Hôtel Dieu | Mo, Mi, Fr 9–11.30 Uhr | place Aristide Briand | 1,30 Euro)*, die *Synagoge (Mo–Fr 10–12 und 15–17 Uhr | place Maurice Charretier | 4 Euro)*, im 18. Jh. über den Resten der ältesten jüdischen Gebetsstätte Frankreichs (14. Jh.) errichtet, und die im 19. Jh. mit Glas überdachte *Passage Boyer*. Auskunft: *place Aristide Briand | Tel. 04 90 63 00 78 | Fax 04 90 60 41 02 | www.tourisme.fr/carpentras*

CAVAILLON [122 A3–4]

Die 20 km südöstlich gelegene Stadt (25 000 Ew.) beherbergt den bedeutendsten Obst- und Gemusegroßmarkt Südfrankreichs und gilt als Hauptstadt der Melone. Die *Synagoge (Sommer Mi–Mo 9.30–12.30 und 14.30–18, Winter Mo und Mi–Fr 9–12 und 14–17 Uhr | 3 Euro)* wurde wie in Carpentras im 18. Jh. wieder aufgebaut. Auskunft: *place François Tourel | Tel. 04 90 71 32 01 | Fax 04 90 71 42 99 | www.cavaillon.com*

CHÂTEAUNEUF-DU-PAPE [121 E2]

In diesem Dorf wurde Weingeschichte geschrieben. Schon Papst Johannes XXII. hatte im 14. Jh. den roten Tropfen von den Hügeln knapp 20 km nördlich von Avignon zu seinen Favoriten gekürt, 1936 bekamen die Weinberge um Châteauneuf Frankreichs erste Herkunftsbezeichnung Appellation d'Origine Contrôlée (AOC). Wer den großen Roten verkosten möchte, ist bei *Vinadéa (8, rue Maréchal Foch | www.vinadea.com)* gut aufgehoben: Hier bietet der Winzerverband Flaschen von fast 90 Gütern an. Auskunft: *place du Portail | Tel. 04 90 83 71 08 | Fax 04 90 83 50 34 | www.cpro.fr*

FONTAINE-DE-VAUCLUSE [122 B3]

Dieses Dorf gut 30 km östlich hat dem Département den Namen gegeben, das einst *vallis clausa*, also enges Tal hieß. Berühmt ist der Ort für den *Quelltopf* (zehn Minuten Fußweg), aus dem das smaragdgrüne Wasser der Sorgue ans Tageslicht sprudelt. Im Dorfzentrum steht eine Statue des italienischen Dichters Francesco Petrarca (1304–1374), der hier seine unsterbliche Liebe zu Laura de Sade in Versen für die Ewigkeit festgehalten hat. Im Mu-

Freitagsmarkt in Carpentras: Frischegarantie für Miesmuscheln und Meeresgetier

seum *(Musée-Bibliothèque Pétrarque | Mai–Okt. Mi–Mo 10–12 und 14–17 Uhr | 3,50 Euro)* ist auch moderne Kunst von Georges Braque, Joan Miró, Pablo Picasso oder Alberto Giacometti zu sehen. Auskunft: *chemin de la Fontaine | Tel. 04 90 20 32 22 | Fax 04 90 20 21 37*

Das Amphitheater in Nîmes: stimmungsvolle Kulisse für Konzerte

L'ISLE-SUR-LA-SORGUE [122 A3]

Das „Klein-Venedig" mit seinen vielen Kanälen und den pittoresken alten Wasserrädern an der Sorgue und Dutzenden von Brücken gehört zu den beliebtesten Zielen von Provencereisenden. Grund dafür sind neben dem malerischen Ortsbild das reiche Kulturprogramm, die inzwischen sieben ▶▶ „Antiquitätendörfer", die L'Isle-sur-la-Sorgue (17 000 Ew., gut 20 km östlich) zum zweitwichtigsten französischen Handelsplatz dieser Sparte nach Paris machen, sowie der farbenprächtige Markt jeden Donnerstag und Sonntag. Höhepunkt ist der *marché flottant* am ersten Augustsonntag, bei dem Händler ihre Waren auf Flachbooten *(nego-chin)* zu den Kunden bringen. Insider Tipp

Einer der schönsten Lebensmittelmärkte in Südfrankreich mit regelmäßig über 100 Händlern, die sich zum Teil auf Bioprodukte spezialisiert haben, wird in *Velleron,* rund 5 km im Norden von L'Isle-sur-la-Sorgue abgehalten *(April–Sept.*

Mo–Sa ab 18 Uhr, im Winter Di, Fr und Sa ab 16.30 Uhr). Der Markt hat den Deutschen Udo Philipp dazu inspiriert, im Dorf das Feinschmeckerlokal *Auberge du Marché (boulevard Millan | Tel. 04 90 20 18 31 | http://udophilipp.com | €€–€€€)* zu eröffnen. Auskunft: *place de la Liberté | L'Isle-Sur-La-Sorgue | Tel. 04 90 38 04 78 | Fax 04 90 38 35 43 | www.oti-delasorgue.fr*

NÎMES [126 B1]

Weltberühmte Architekten wie Jean Nouvel, Philippe Starck oder Norman Foster haben der uralten Römerstadt (137 000 Ew.) rund 45 km im Südwesten von Avignon ein modernes Gesicht gegeben. Sehr gut erhalten sind der römische Tempel, die sogenannte *Maison Carrée (März–Okt. tgl. 10–18.30, im Hochsommer 10–19.30, Winter 10–12, 14–17 Uhr | boulevard Victor Hugo | 4,50 Euro)* und das Amphitheater *(Arènes | März–Okt. tgl. 9–18, im Hochsommer bis 19, im Winter 9.30–17 Uhr, keine Besichtigung bei Stierkämpfen und Konzerten | rue de l'Aspic | 7,70 Euro)*. Beide Bauten wurden im 1. Jh. zu Ehren von Kaiser Augustus und seinen beiden Söhnen auf dem römischen Forum im Herzen der Stadt errichtet. Für Arènes, Maison Carrée und Tour Magne, den römischen Wehrturm auf einem Hügel oberhalb der Stadt gibt es ein Kombiticket für 9,80 Euro. Bei der Stierkampf-Feria an Pfingsten wird die ganze Innenstadt zum Festplatz. Das ganze Jahr über geöffnet hat ▶▶ La Bodeguita *(place d'Assas | Tel. 04 66 58 28 28 | www.royalhotel-nimes.com | €)*, das neben spanischen Tapas und originellen Pfannengerichten preisgünstige Weine der Region serviert und Kunstausstellungen und Abende mit Live-Musik organisiert. Auskunft: *6, rue Auguste | Tel. 04 66 58 38 00 | Fax 04 66 58 38 01 | www.ot-nimes.fr*

PERNES-LES-FONTAINES [122 A2]

Die ehemalige Hauptstadt der Grafschaft Venaissin (10 000 Ew.) 23 km östlich von Avignon bezaubert mit gut drei Dutzend Brunnen im unteren Tal des Flüsschens Nesque, die zum großen Teil im 18. Jh. angelegt wurden. Vom Schloss der Grafen von Toulouse ist nur noch der Uhrturm *(Tour de l'Horloge)* mit schönem Blick auf den Mont Ventoux und die Dentelles de Montmirail übrig. Nur ein paar Schritte weiter steht die *Porte Notre-Dame*, ein altes Stadttor mit der winzigen Kapelle Notre-Dame-des-Grâces auf einem seiner Pfeiler, der überdachten Markthalle aus dem 17. Jh. und dem Cormoran-Brunnen. Am anderen Ufer der Nesque steht die Kathedrale *Notre-Dame-de-Nazareth*, deren älteste Teile aus dem 11. Jh. stammen. Auskunft: *place Gabriel Moutte | Tel. 04 90 61 31 04 | Fax 04 90 61 33 23 | www.ville-pernes-les-fontaines.fr*

PONT DU GARD ★ [120 C3]

2000 Jahre alt und immer noch die schönste Wasserleitung der Welt: Das dreistöckige, 49 m hohe und im obersten Teil 275 m lange Aquädukt über das Wasser des Flusses Gardon rund 20 km westlich von Avignon ist eine Augenweide. Die Römer haben die Brücke im 1. Jh. als Teil der knapp 50 km langen Leitung konstruiert, die Tag für Tag 20000 m^3 Wasser von der Eure-Quelle bei Uzès nach Nîmes spülte, das damals gut 25000 Ew. zählte. Der Pont du Gard, von der Unesco als Welterbe eingestuft, ist heute Teil der großen Anlage *Domaine du Pont du Gard* mit Restaurants, Boutiquen, sehenswerten Multimediaausstellungen, **Insider Tipp** dem sehr informativen und schönen Wanderweg *Mémoires de Garrigue*, Badestrand und Dokumentationszentrum. Besuchern mit dem Auto sind die überwachten Parkplätze zu empfehlen (5 Euro/Tag). *Tgl. 9.30–22, Winter 9.30–18.30, Uhr | Komplettpreis für Museum, Film, Kinderprogramm, Wanderbroschüre und Parkplatz 12 Euro, Jahrespass 15 Euro | www.pontdugard.fr*

VENASQUE ★ **[122 B2]**

Eines der schönsten Dörfer der Provence rund 30 km östlich von Avignon auf einem lang gestreckten Felsenrücken glänzt mit einer Kirche aus dem 12. Jh. und dem Baptisterium aus dem 6. Jh., das eines der ältesten christlichen Baudenkmäler in Frankreich ist. Ein Spaziergang durch die engen Gassen mit lauschigen Plätzen führt zu den Sarazenentürmen und eröffnet immer wieder schöne Ausblicke, etwa auf den Mont Ventoux. Direkt an der Stadtmauer liegt das *Hôtel Les Remparts (8 Zi. | rue Haute | Tel. 04 90 66 02 79 | Fax 04 90 66 61 67 | www.hotellesremparts.com | €)*, mitten im Dorf befindet sich die *Auberge la Fontaine* mit angeschlossenem Restaurant *(Mi geschl. | 5 Zi. | place de la Fontaine | Tel. 04 90 66 02 96 | www.auberge-lafontaine.com | €€€)* eines deutsch-schweizerischen Ehepaars, das in den 1970er-Jahren zu den Gastronomiepionieren in der Provence zählte und unter anderem Kochkurse anbietet.

VILLENEUVE-LÈS-AVIGNON **[121 E3]**

Die Stadt der Kardinäle (12000 Ew.) im Département Gard mit dem

Bauern bei der Arbeit: Lavendelernte in der Provence

schönsten Blick auf Avignon, die Stadt der Päpste. Außer den eindrucksvollen Festungs- und Klosterbauten sind am westlichen Rhôneufer gegenüber von Avignon Kunstschätze von Weltgeltung zu bewundern. Lohnend ist der Besuch der *Chartreuse du Val de Bénédiction (Mo–Fr. 9.30–17, Sa/So 10–17, Sommer tgl. 9.30–18 Uhr | 60, rue de la République | Führungen 6,50 Euro | www.chartreuse.org),* des ältesten Kartäuserklosters Frankreichs aus dem 14. Jh. Die Anlage, eine regelrechte Stadt in der Stadt, beherbergt in der Klosterkirche das Grabmal ihres Gründers, des Papsts Innozenz VI., und ist bei den Theaterfestspielen Schauplatz für Aufführungen.

Die Festung mit der Klosterruine von Saint-André *(Fort et Abbaye Saint-André | tgl. 10–13 und 14–17, Sommer bis 18 Uhr | 5 Euro)* auf dem Berg Andaon besticht mit ihren italienischen Gärten. Der ✵ westliche Turm bietet eine herrliche Aussicht auf Avignon.

Gleich 176 Stufen hat die Treppe in der *Tour Philippe-le-Bel (April–Sept. Di–So 10–12 und 14–18.30, Okt.–März Di–So 10–12 und 14–17 Uhr, Dez.–Feb. geschl. | 2 Euro)* mit der ✵ Aussichtsplattform für den Blick auf Mont Ventoux und Luberon.

Im *Museum Pierre de Luxembourg (Öffnungszeiten wie Tour Philippe-le-Bel | 3 Euro)* sehen Sie die berühmte „Marienkrönung" von Enguerrand Quarton, eines der wichtigsten Gemälde französischer Gotik. Für die Sehenswürdigkeiten in Villeneuve-lès-Avignon gibt es eine Ermäßigung durch den Gratispass *Avignon Passion.* Auskunft: *1, place Charles-David | Tel. 04 90 25 61 33 | Fax 04 90 25 91 55 | www.villeneuvelesavignon.fr*

LUBERON

[122–123 B–E3–5] **Hier sieht die Provence wirklich so aus wie auf Postkarten: Lavendelfelder, Steinhäuser, prächtige Schlösser, wunderschöne Felsendörfer, Ockersteinbrüche, tiefe Schluchten, fruchtbare Täler und dürre Hochebenen mit atemraubenden Aussichten.** Der Luberon, seit Urzeiten besiedelt, hat sich seinen ganz eigenen, im Wesentlichen von der Landwirtschaft geprägten Charakter erhalten und ist heute im Gefolge der Romane des Briten Peter Mayle wie „Ein Jahr in der Provence" zu einem teilweise schon luxuriösen Kleinod für Entdeckungsreisende geworden, denen Ruhe und Natur wichtig sind.

Zwei Höhepunkte erwarten Wanderer und Kletterer: Die Ausblicke vom 1125 m hohen ✵ *Mourre Nègre* sind überwältigend, die Felswände bei der ehemaligen Festungsanlage Buoux ein Genuss für Extremsportler. Der *Naturpark Luberon (Parc Naturel Régional du Luberon),* 1977 mit insgesamt 67 Kommunen zwischen Cavaillon und Manosque aus der Taufe gehoben, hat sehenswerte Routen zu ausgewählten Themen im Gebiet ausgearbeitet. Eine historische Strecke beispielsweise folgt den Spuren der Waldenser, die im frühen Mittelalter die Region besiedelten, wegen ihres Glaubens aber im 16. Jh. grausam abgeschlachtet wurden. Vernichtet wurden ganze Waldenserdörfer wie Mérindol, Lacoste, Lourmarin, Cabrières d'Aigues, Oppède oder Buoux.

Eine Renaissance erlebt die Herstellung von Lavendelöl im Luberon. Informationen über den Duft aus violetten Blüten und Routenvorschläge gibt es unter *www.routes-lavande.com;* lohnend ist auch ein Besuch im Lavendelmuseum von Coustellet *(Musée de la Lavande | Feb.–Dez. tgl. 9–12.30 und 14–18, April, Mai, Sept. 9–13 und 14–18.30, Juni–Aug. 9–19 Uhr | route de Gordes | 6 Euro).*

AUSKUNFT

60, place Jean Jaurès, Apt | Tel. 04 90 04 42 00 | Fax 04 90 04 81 15 | www.parcduluberon.com

ZIELE IM LUBERON

ANSOUIS [123 D5]

Der Ort (1000 Ew.), der seit 1998 zu den schönsten Dörfern Frankreichs zählt, schmiegt sich um das mächtige Schloss mit seinen herrlichen Parkanlagen, das aufgrund eines Besitzerwechsels vorläufig für Besucher geschlossen ist. Das beste Eis der ganzen Region stellt ganz in der Nähe die Familie Perrière her: Insider Tipp *L'Art Glacier (Mitte März–Dez. | Les Hautes-Terres | 5 km in Richtung La Tour d'Aigues | www.artglacier.com).* Ein sehenswertes *Weinmuseum (Di–Sa 9.30–12 und 14.30–18.30 Uhr | 3 km Richtung Pertuis | 3 Euro | www.chateau-turcan.com)* hat das Château Turcan aufgebaut.

APT [122–123 C–D3]

Apt, die Hauptstadt des Luberon (12 000 Ew.) ist Zentrum der französischen Ockerproduktion und weltweit größter Produzent kandierter Früchte. Die Geschichte dieser Industrie ist in einer ehemaligen Fabrik für kandierte Früchte in der Altstadt aufgezeichnet *(Musée de l'Aventure Industrielle | Mai–Sept. Mi–Sa und Mo 10–12 und 15–18.30, So 15–19, Okt.–April Mi–Sa und Mo 10–12 und 14–17 Uhr | 14, place du Postel | 4 Euro).* Der *Markt* am Samstagvormittag in den engen Altstadtgassen ist eine Attraktion für die ganze Region. Sehenswert ist die *Kathedrale Sainte-Anne* mit ihrer Krypta auf zwei Ebenen: Das Obergeschoss mit einem Altar aus dem 5. Jh. ist aus romanischem Mauerwerk, das Untergeschoss aus der Zeit der Karolinger.

Eine Charta für natürliche Kost und regionale Küche hat das Restaurant *Le Platane (So/Mo geschl. | 8, rue Jules Ferry | Tel. 04 90 04 74 36 | €–€€)* unterschrieben, eines der besten Restaurants im Luberon führt Serge Peuzin in der *Auberge du Luberon (So-Abend, Di-Mittag und Mo geschl. | 8, place du Faubourg du Ballet | Tel. 04 90 74 12 50 | Fax 04 90 04 79 49 | €€€).* In einem ehemaligen Kloster aus dem 12. Jh. mitten im Zentrum haben Marie und Laurent Pierrepont fünf Zimmer und Appartements eingerichtet, im Garten gibt es sogar ein Schwimmbad *(Le Couvent | 36, rue Louis-Rousset | Tel./Fax 04 90 04 55 36 | www.loucouvent.com | €€).* Wer von Apt aus die paar Kilometer hinauf zum Weiler *Sivergues* fährt, findet im Insider Tipp *Landgasthof Le Castellas (abends nur nach Reservierung geöffnet | Tel. 04 90 74 60 89 | €)* ein deftiges Mahl und sechs ganz einfache Zimmer. Auskunft in Apt: *20, avenue Philippe de Girard | Tel. 04 90 74 03 18 | Fax 04 90 04 64 30 | www.ot-apt.fr*

GORDES **[122 B3]**

Im Sommer trotz kostenpflichtiger Parkplätze hoffnungslos überlaufen, gehört der Flecken (2000 Ew.) auf einem Felsen zu den schönsten Dörfern Frankreichs. Das *Renaissanceschloss (tgl. 10–12 und 14–18 Uhr | 4 Euro),* einst von Op-Art-Künstler Victor Vasarély restauriert, beherbergt heute das Lebenswerk des belgischen Malers Pol Mara. Unter dem Palast sind auf sieben Ebenen und 18 m Höhenunterschied unterirdische Gänge *(Caves du Palais Saint-Firmin | Mai–Mitte Okt. Mi–Mo 11–18, Juli/Aug. tgl. 10.30–19 Uhr | rue du Belvédère | 4 Euro)* erschlossen, in denen Sie mit allen Sinnen Eindrücke aus der Welt der Duftkräuter und der Olivenölherstellung sammeln können.

Einblicke in die Bauweise der alten Steinhütten ohne Mörtel, hier *bories* genannt, bietet Ihnen das Insider Tipp Freilichtmuseum *Village des Bories* *(tgl. 9 Uhr–Sonnenuntergang | 5,50 Euro)* 3 km vor Gordes Richtung Cavaillon. Auskunft: *Le Château | Tel. 04 90 72 02 75 | Fax 04 90 72 02 26*

Am Samstagmorgen strömt das ganze Umland auf den Marktplatz von Apt

LOURMARIN **[122 C4]**

Eines der Vorzeigedörfer im Luberon, in dem sich Nobelpreisträger Albert Camus (1913–1960) niedergelassen hatte und in dem er begraben ist. Dominierend ist das *Renaissanceschloss (Juli/Aug. tgl. 10–18, sonst 10.30–11.30 und 14.30–16 Uhr | 5,50 Euro | www.chateau-de-lourmarin.com),* in dem heute eine Künstlerakademie eingerichtet ist. Einheimische essen im Restaurant

Insider Tipp

L'Antiquaire (So-Abend und Mo geschl. | 9, rue du Grand-Pré | Tel. 04 90 68 17 29 | €–€€). Eine der Spitzenköchinnen der Provence ist Reine Sammut, sie zaubert in der *Auberge de la Fenière (Mo/Di geschl. | route de Cadenet | Tel. 04 90 68 11 79 | Fax 04 90 68 18 60 | www.chateauxhotels.com/feniere | €€€, auch 9 Zi.).*

MANOSQUE **[123 F4]**

Die imposante mittelalterliche *Porte Saunerie* ist immer noch das Tor zur weitgehend erhaltenen Altstadt im breiten Tal der Durance. In Manosque (20 000 Ew.) hat der Schriftsteller Jean Giono (1895–1970) den größten Teil seines Lebens verbracht. Das *Centre Giono (Sommer Di–Sa 9.30–12.30 und 14–18, Winter nur 14–18 Uhr | 3, boulevard Bourges | 4 Euro)* organisiert literarische Spaziergänge und Ausstellungen. Auskunft: *place Dr. Joubert | Tel. 04 92 72 16 00 | Fax 04 92 72 58 98 | www.manosque-tourisme.com*

OPPÈDE-LE-VIEUX **[122 B4]**

Das alte Dorf mit seiner Schlossruine und der inzwischen weitgehend restaurierten Stiftskirche, die im 16. Jh. auf einer Anlage aus dem 10. Jh. gebaut wurde, lag lange fast verlassen da. Im Zweiten Weltkrieg versteckte sich unter anderem die Frau von Antoine de Saint-Exupéry hier, jetzt sind die ersten Häuser renoviert, es gibt sogar Gästezimmer *(Belle de Nuit | 5 Zi. | Centre du village | Tel. 04 90 76 93 52 | www.belle2nuit.fr | €€)* sowie ein Café (im Sommer auch Brasserie) *(Les Poulivets | Tel. 04 90 76 74 01 | €)* für die rund 30 Bewohner und die Touristen, für die Oppède (rund 5 km westlich von Ménerbes) eines der schönsten Fotomotive im Luberon ist. Der Weg mit grobem Pflaster zu Kirche und Schloss verlangt gutes Schuhwerk und Kondition. Bequemer ist der Spaziergang durch den Park unterhalb des alten Dorfes oder auf dem Winzerweg *(sentier vigneron)*, für den es eine Broschüre im Kiosk auf dem kostenpflichtigen Parkplatz (2 Euro) gibt.

ROUSSILLON **[122 C3]**

Ein Dorf wie aus dem Bilderbuch mit seinen leuchtend roten und gelben Hausfassaden unter blauem Himmel. Roussillon (knapp 1200 Ew.) zehrt noch heute von der Ockerindustrie, auch wenn die letzte große Fabrik 1963 ihre Pforten geschlossen hat und zum *Ocker- und Pigmentmuseum Okhra (Ancienne Usine Mathieu | Feb.–Okt. tgl. 9–13 und 14–18, im Winter Di–So 9–12 und 14–18 Uhr | 1,5 km vom Zentrum an der D 104 Richtung Apt | Tel. 04 90 05 66 69 | 6 Euro inkl. Workshop für Kinder und Erwachsene | www.okhra.com)* umgewandelt ist. Vor dem Friedhof, nahe der Place Pasquier im Dorfzentrum, beginnt der Ockerweg *(Sentier des Ocres | März–Okt. tgl. 10–18, Hochsommer bis 19, Nov.–Feb. Sa/So 13–17 Uhr, bei Regen geschl. | 2,50 Euro)*, der Sie durch die Farbenlandschaft im ehemaligen Steinbruch führt. Aus-

Ocker macht's möglich: Leuchtende Farben prägen die Hausfassaden in Roussillon

kunft: *route de la Poste* | *Tel. 04 90 05 60 25* | *www.roussillon-provence.com*

SÉNANQUE ★ **[122 B3]**
Das Zisterzienserkloster im Tal des Flüsschens Sénancole liegt nur wenige Kilometer von Gordes entfernt und gehört mit den Abteien von Le Thoronet und Silvacane zu den bedeutendsten romanischen Kirchenbauten in der Provence. Der schlichte Bau ohne jegliche Verzierungen liegt inmitten von Lavendelfeldern. Die Gottesdienste sind für die Öffentlichkeit zugänglich, der mittelalterliche Teil des Klosters mit Kirche, Kreuzgang und ehemaligem Schlafsaal steht Ihnen für eine Besichtigung offen. *Feb.–Okt. Mo–Sa 10–12 und 14–18, So 14–18, Nov.–Jan. tgl. 14–17 Uhr* | *5 Euro, geführte Besichtigungen auf Französisch, eine deutschspr. Broschüre wird bereitgestellt oder ist im Internet herunterzuladen* | *www.senanque.fr*

ZIELE IN DER UMGEBUNG

FORCALQUIER **[123 F2]**
Die hübsche Kleinstadt (4400 Ew.) im Nordosten wenige Kilometer außerhalb des Naturparks mit ihrem prächtigen *Markt (Mo-Vormittag)* und der Kapelle *Notre-Dame-de-Provence* auf dem Hügel der ehemaligen Zitadelle ist für ihre Spirituosenproduktion *(Distilleries et Domaines de Provence* | *avenue Saint-Promasse* | *www.distilleries-provence.com)* bekannt. Sie ist ein guter Ausgangspunkt für Wanderungen, Radtouren und Ausflüge in das noch nicht von Touristen überlaufene Hinterland mit der *Montagne de Lure* (vom 1826 m hohen Gipfel *Signal de Lure* grandioser Panoramablick) im Norden, mit der Sternwarte *Observatoire de Haute-Provence* bei Saint-Michel-l'Observatoire 12 km südwestlich und mit schönen Dörfern wie *Banon* mit seinen Käsespezialitäten oder einer Reihe von *bistrots de pays* (Landgasthöfen) wie dem *Bis-*

trot de la Lavande (Mi geschl. | place de la Lavande | Tel. 04 92 73 31 52 | €) in Lardiers oder dem *Bistrot de la Tonnelle (tgl. | place de la Fontaine | Tel. 04 92 73 19 89 | €)* in Ongles. Sehenswert ist die 3 km südlich gelegene alte Abtei von Salagon *(Prieuré de Salagon | Mane | Mai–Sept. tgl. 10–12.30, 14–18.30, Juni–Aug. 10–19.30 Uhr | 6 Euro, Audioguide in dt. Sprache | http://musee-de-salagon.com)* mit mittelalterlichen Gärten, seltenen Kräutern und einer Dokumentation der Ernährungsgeschichte. Auskunft: *13, place du Bourguet | Tel. 04 92 75 10 02 | Fax 04 92 75 26 76 | www.forcalquier.com*

GANAGOBIE **[124 A–B2]**

Das im 10. Jh. gegründete Benediktinerkloster liegt jenseits des nordöstlichen Endes des Naturparks zwischen Forcalquier und Château-Arnoux auf einem Felsplateau mit herrlichem Blick auf das Tal der Durance und die Südalpen. Es ist erst seit 1992 wieder dauernd von Mönchen bewohnt. Die restaurierte Kirche besitzt ein eindrucksvolles Portal und das schönste romanische Fußbodenmosaik Frankreichs. *Di–So 15–17 Uhr | an der D 30 | Eintritt frei | www.ndganagobie.com*

Insider Tipp

ORANGE

[112 B6] Ein römisches Theater und ein Triumphbogen stehen für die Vergangenheit: Vor über 2000 Jahren war Orange (knapp 30 000 Ew.) eine der wichtigsten römischen Städte in der Provence, wurde im 12. Jh. ein Fürstentum, gehörte im 16. Jh. zum Haus Nassau-Oranien und ist erst seit 1713 Teil von Frankreich.

SEHENSWERTES

ALTSTADT

Orange hat – wie viele andere französische Städte – das historische Zentrum mit der Place de la Republi-

Seit zwei Jahrtausenden im Dienst des Entertainments: Théâtre Antique

que, dem Rathaus und vielen Cafés behutsam renoviert. Der *Wochenmarkt* auf dem cours Aristide Briand lockt jeden Do-Vormittag die Menschen in die Stadt.

ARC DE TRIOMPHE

Eines der größten römischen Stadttore, die in Frankreich erhalten sind. Der knapp 20 m hohe Bogen aus Stein markierte den nördlichen Eingang von Orange auf der Via Agrippa, die Lyon mit Arles verband. Architektonische Besonderheit des Bauwerks, das um 20 v. Chr. zu Ehren der Veteranen aus der zweiten römischen Legion errichtet wurde, ist ein reich geschmückter, dreieckiger Giebel.

COLLINE SAINT-EUTROPE

Früher stand hier das Schloss des Fürstentums von Nassau-Oranien, für das im 17. Jh. fast alle römischen Bauwerke der Stadt als Materiallager herhalten mussten. Heute beheimatet das Gelände einen großen Park mit Schwimmbad, Campingplatz, Spielplätzen und Café. Von der Nordseite neben einer Marienstatue bietet es einen herrlichen Blick auf das antike Theater und die Stadt.

THÉÂTRE ANTIQUE (ANTIKES THEATER) ★

Es ist 2000 Jahre alt und immer noch das Herz der Stadt: Das einzige antike Theater, in dem die 36 m hohe und 103 m breite Bühnenmauer praktisch original erhalten ist, bildet mit einem Fassungsvermögen von knapp 9000 Besuchern jeden Sommer das provenzalische Gegenstück zu den Opernfestspielen in Verona (Programm unter *www.choregies.com*). Die rund 3,50 m hohe Statue von Kaiser Augustus, die erst 1950 wieder ihren Platz in der Wand gefunden hat, blickt aber auf Pop- und Klassikkonzerte. Geschützt sind Statue und Bühnenmauer seit 2006 durch ein Glasdach der Firma, die 1889 den Eiffelturm in Paris und 2004 die spektakuläre Autobahnbrücke von Millau gebaut hat. *Sommer tgl. 9–19, Winter 9.30–16.30 Uhr | rue Madeleine-Roch | 7,50 Euro (Kombiticket mit Musée Municipal)*

ESSEN & TRINKEN

LE PARVIS

Der Küchenchef beruft sich auf Altmeister Auguste Escoffier, wenn er nur ein paar Schritte von der Augustusstatue im römischen Theater seine Spezialitäten und provenzalischen Rezepte serviert. *So-Abend und Mo geschl. | 55, cours Pourtoules | Tel. 04 90 34 82 00 | €€*

ÜBERNACHTEN

ARÈNE

Mitten in der Stadt befindet sich das Hotel, trotzdem ist es ruhig. Das Haus ist gründlich renoviert, einige der Zimmer verfügen über einen Balkon. Mit einer Terrasse und einem netten Restaurant (€€). *35 Zi. | place Langes | Tel. 04 90 11 40 40 | Fax 04 90 11 40 45 | www.hotel-arene.fr |* €€–€€€

LE GLACIER

Die Zimmer hinter der rosafarbenen Fassade sind relativ klein, aber sehr liebevoll eingerichtet. Die Familie führt den Betrieb seit drei Generationen. *28 Zi. | 46, cours Aristide Bri-*

and | Tel. 04 90 34 02 01 | Fax 04 90 51 13 80 | www.le-glacier.com | €€

AUSKUNFT

5, cours Aristide Briand | Tel. 04 90 34 70 88 | Fax 04 90 34 99 62 | www.otorange.fr

Die kahle Kuppe des Mont Ventoux hüllt sich leider oft in Wolken

ZIELE IN DER UMGEBUNG

CAIRANNE [118 C5]

Das kleine Dorf 18 km im Nordosten von Orange beherbergt eine der ältesten und größten Weinbaukooperativen der Provence. Insider Tipp Ein originellen Parcours spricht alle Sinne an und erklärt Wissenswertes über die Weine der Region Côtes du Rhône. *Cave de Cairanne | tgl. 8–18.30 Uhr | route de Bollène | Eintritt frei | Parcours Sensoriel du Vin (rund 1,5 Std.) | Mo–Sa 9.30, 10.30, 15 und 16.30 Uhr | 6 Euro | www.cave-cairanne.fr*

DENTELLES DE MONTMIRAIL [118–119 C–D5–6]

Die bizarre Form hat ihnen den Namen gegeben. Die Felsen, die wie „Klöppelspitzen" aussehen, sind die kleinen Schwestern (höchster Gipfel ist der Saint-Amand mit 734 m) des Mont Ventoux. 20 km östlich von Orange, ist das Gebirge ein Paradies für Wanderer und Kletterer. Hübsche Dörfer wie *Séguret, La Roque-Alric, Le Barroux* oder *Suzette* wachen über die Weinberge, die in Gigondas, Vacqueyras und Beaumes-de-Venise Weine von Weltruf hervorbringen.

Insider Tipp **GORGES DE LA NESQUE (NESQUESCHLUCHT)** [122–123 B–D1–2]
Ausgangspunkt für die abenteuerlich-schöne Fahrt auf der D 942 durch die 26 km lange Schlucht der Nesque mit Aussichtsterrassen wie dem Belvédère (734 m) am *Rocher du Cire* ist das Lavendelzentrum *Sault* (1200 Ew.) rund 65 km im Osten von Orange. Das Dorf mit seinem *Mittwochsmarkt,* der seit 1515 existiert, bietet ein einfaches und gutes Restaurant *(Le Provençal | Mo-Abend, Di geschl. | rue Portes des Aires | Tel 04 90 64 09 09 | €–€€ | mittags spezielles Radfahrermenü für 10 Euro)* und das Feinschmeckerrestaurant *Hostellerie du Val de Sault (Nov.–März geschl. | 15 Zi. | rue de Saint Trinit | ancien chemin d'Aurel | Tel 04 90 64 01 41 | www.valdesault.com | €€€),* in dem Lavendel und Trüffeln die schmackhaften Hauptrollen spielen.

MONT VENTOUX ★ [119 E–F5–6]
Die kahle Kuppe des provenzalischen Giganten auf 1909 m Höhe überm Meer erlaubt den spektakulärsten Blick über das Land, wenn der Mont Ventoux nicht, wie so oft, sein Haupt in den Wolken versteckt. Dann wird es dort nämlich sogar mitten im Sommer ungemütlich kalt. Vor allem, wenn der Mistral bläst, der auf dem höchsten Berg der Provence Spitzengeschwindigkeiten von 200 km in der Stunde erreicht.

Der Ventoux (sein Name bedeutet nicht etwa „windig", sondern kommt vom provenzalischen *vinturi,* Berg) ist mit seiner außergewöhnlichen Fauna (mehr als 120 Vogelarten, daneben Gämsen, Rehe und Hirsche) von der Unesco als Biosphärenreservat eingestuft. Der Berg, im Winter sogar ein Ziel für Skifahrer, lässt sich zu Fuß, mit dem ▶▶ Rad oder per Auto erobern. Ein Ausgangspunkt ist das liebenswerte Städtchen *Malaucène* gut 35 km östlich von Orange (Auskunft: *place de la Mairie | Tel. 04 90 65 22 59*). Auf dem Weg zum Gipfel lohnt sich schon nach 2 km ein Halt am Ausflugsplatz *Groseau,* einem ehemaligen Quellheiligtum der Kelten mit Klosterresten, Café und Picknickplatz. Auf der Wintersportstation *Mont Serein* sind ein 2,2 km und ein 3,8 km langer botanischer Lehrpfad zu Ehren des Botanikers Jean-Henri Fabre angelegt worden.

MORNAS [118 A–B5]
10 km nördlich von Orange steht ein beeindruckendes Beispiel für mittelalterliche Festungsarchitektur auf einem Felsen 137 m hoch über der Rhône. Ein Verein in Mornas (rund 2300 Ew.) saniert seit Jahrzehnten die *Ruine (März–Okt. Mo–Fr 11–12 und 14–17, Juli/Aug. tgl. 11–12 und 14–17 Uhr | 6 Euro | www.forteresse.de.mornas.com)* und organisiert als *visite animée* Mittelalterspiele auf dem Burggelände, das außerdem einen herrlichen Ausblick bietet *(Juli/Aug. tgl. 11, 14, 15, 16 und 17 Uhr, März–Sept. nur So | 8 Euro).* Auskunft im Dorf: *Tel. 04 90 37 00 97 | www.mornas-village.fr*

SÉRIGNAN-DU-COMTAT [118 B5]
In dem kleinen Ort 8 km nördlich von Orange sind 2006 Haus und Garten des Botanikers und Insektenfor-

schers Jean-Henri Fabre (1823–1915) als Museum wiedereröffnet worden. Über 500 verschiedene Pflanzen locken im Garten noch heute die Insektenarten an, die der Naturforscher in dem Haus untersuchte, das er in seinen letzten 26 Lebensjahren bewohnte. *Harmas Jean-Henri-Fabre | Mitte Mai–Ende Okt. Mi–Mo 10–12.30 und 14.30–18 Uhr | route d'Orange | 5 Euro | www.museum-paca.org*

VAISON-LA-ROMAINE ★ **[119 D5]**
In der Antike soll Vasio Vocontiorum eine der reichsten Städte im Süden Galliens gewesen sein. Vaison-la-Romaine (6000 Ew.), gut 30 km nordöstlich von Orange gelegen, steht heute als Symbol für die bewegte Vergangenheit der Provence. Mitten in der Stadt erstrecken sich zwei riesige Flächen mit den Ruinen von zwei römischen Stadtvierteln, das *Quartier de Puymin* und das *Quartier de la Villasse.* Ein antikes Theater, mehrere Villen, hängende Gärten, eine Thermalanlage und Kanäle haben die Experten überzeugt, dass Vaison einst reicher als Pompeji war. Einen Überblick verschafft das *Museé Théo Desplans (Sommer tgl. 9.30–18.45, sonst 10–12 und 14–17 Uhr | Kombiticket mit Ausgrabungsstätten (billet pass) 8 Euro, zwei Tage gültig, mit Audioguide auch in dt. Sprache).* Mit Materialien der Römerzeit ist die Kathedrale *Notre-Dame-de-Nazareth* im 12./13. Jh. mit ihrem sehenswerten Kreuzgang als Zeugnis der provenzalischen Romanik gebaut worden.

> BÜCHER & FILME

Die Provence als Bild- und Lesevergnügen

> **Total Cheops, Chourmo, Solea** – Der Journalist und Schriftsteller Jean-Claude Izzo (1945–2000) hat gründlich aufgeräumt mit den alten Klischees von Marseille. Er gilt mit der Trilogie als Vater des sogenannten Bouillabaisse-Kriminalromans. Die Geschichten um Detektiv Fabio Montale sind inzwischen mehrfach verfilmt (mit Alain Delon oder Richard Bohringer in der Hauptrolle) und ins Deutsche übersetzt worden.

> **Cézanne, les sites provençaux** – Der Bildband ist ein Augenschmaus. Die wunderschöne provenzalische Landschaft und ihr unvergleichliches Licht hat der Maler in seinen vielen Werken verewigt.

> **Cézanne en Provence** – Der Katalog zur großen Ausstellung 2006 im Granet-Museum in Aix-en-Provence macht die Beziehung Cézannes zur Provence deutlich.

> **Manons Rache** – Der französische Regisseur Claude Berri hat neben diesem viele weitere Romane von Marcel Pagnol (1895–1974) aus Aubagne – selbst ein berühmter Filmregisseur *(www.marcelpagnol.com)* – verfilmt.

> **Ein gutes Jahr** – Nach Vorlage des Schriftstellers Peter Mayle, der keine Angst vor Klischees hat und die Provence in seinen Werken in sehr einfachen Bildern beschreibt, hat Ridley Scott den Film mit Russell Corwe in der Hauptrolle gedreht.

Der Weg über die alte Römerbrücke *(Pont Romain)* führt in die mittelalterliche Oberstadt *(Haute-Ville)* am Fuß der Burgruine. Wie überall in der Provence sind hier die lange verlassenen Steinhäuser liebevoll restauriert und beherbergen heute Galerien, kleine Läden, Cafés, Restaurants und Hotels. Beispiele hierfür sind die *Hostellerie Le Beffroi (22 Zi. | rue de l'Évêché | Tel. 04 90 36 04 71 | Fax 04 90 36 24 78 | www.le-beffroi.com | €€–€€€)* mit ☀ Restaurantterrasse und herrlichem Blick auf Stadt und Fluss oder die Gästezimmer in der Nähe im *L'Évêché (5 Zi. | rue de l'Évêché | Tel. 04 90 36 13 46 | Fax 04 90 36 32 43 | www.eveche.com | €€)*. Die neue Gourmetadresse in der mittelalterlichen Stadt ist das *Bistrot Du'O (So und Mo-Mittag geschl. | rue du château | Tel. 04 90 41 72 90 | €–€€)*, das eine exzellente Weinkarte mit origineller Küche verbindet und trotz relativ kleiner Portionen ein gutes Preis-Leistungs-Verhältnis anbietet. Auskunft: *place Chanoine Sautel | Tel. 04 90 36 02 11 | Fax 04 90 28 76 04 | www.vaison-la-romaine.com*

Vaison-La-Romaine: im Kreuzgang der Kathedrale

VALRÉAS [118 C3–4]

Mehr als nur ein verwaltungstechnisches Kuriosum – eine Exklave des Vaucluse im Gebiet der Drôme Provençale – ist die ehemalige Papstenklave rund um Valréas 35 km nördlich von Orange. Als die Päpste im 13. Jh. von Rom nach Avignon übersiedelten, kauften sie das Gebiet um Valréas und übertrugen ihm Sonderrechte, die bis zum Ende des 18. Jhs. galten. In Valréas mit seinen heute rund 9500 Ew. ist die Altstadt mit dem Rathaus aus dem 15. Jh sehenswert. Auskunft: *Château de Simiane | Valréas | Tel./Fax 04 90 35 04 71 | www.ot-valreas.info*

Richerenches, rund 7 km im Südwesten von Valréas, ebenfalls noch in der Papst-Exklave, war im 12. Jh. Sitz des Templerordens und eines ihrer größten Festungsdörfer im Abendland. Das wunderschön restaurierte Dorf beherbergt im Winter an jedem Sonntagvormittag einen der größten *Trüffelmärkte* in der Region. Jeden dritten Sonntag im Januar feiert die Bruderschaft des schwarzen Diamanten in der alten Kirche die Messe, in der Spenden in Form von Trüffeln abgegeben und öffentlich auf dem Dorfplatz versteigert werden. **Insider Tipp** Auskunft: *Point Tourisme | avenue de la rabasse | Richerenches | Tel. 04 90 28 02 00 | www.richerenches.fr*

VERDON-NATURPARK

[124–125 B–E3–5] **Die Schluchten des Verdon sind das Zentrum des Parc Régional Verdon, der 1997 mit 45 Gemeinden in den Départements Var und Alpes-de-Haute-Provence aus der Taufe gehoben wurde.** Knapp 22 000 Ew. leben in dem rund 1770 km² umfassenden Gebiet. Neben der Verdonschlucht prägen die Hochebene *Plateau de Valensole* mit Lavendelfeldern und kleine Städtchen wie das schon zu Römerzeiten besiedelte *Riez,* das Thermalbad *Gréoux-les-Bains* oder *Allemagne-en-Provence* mit seinem Schloss den Charakter des Naturparks. Ein Gratispass (beim ersten Besuch nach dem *Pass Musées* fragen) sorgt für Ermäßigungen ab dem zweiten Besuch in den neun Museen im Verdon-Naturpark.

AUSKUNFT

Parc Régional Verdon | Domaine de Valx | Moustiers-Sainte-Marie | Tel. 04 92 74 68 00 | Fax 04 92 74 68 01 | www.parcduverdon.fr

ZIELE IM PARC RÉGIONAL VERDON

GRAND CANYON DU VERDON ★ ▶▶ [125 D–E4]

Wie ein Messer in weiche Butter hat sich der Fluss in grauer Vorzeit durch die Kalkfelsen der Voralpen gegraben und eines der größten Naturschauspiele in ganz Europa geschaffen. Bis zu 700 m tief fallen die Felswände zu beiden Seiten der Schlucht fast senkrecht in die Tiefe ab. Heute ist der wilde Gebirgsfluss mit seinem smaragdgrünen Wasser durch ein halbes Dutzend Stauseen gebändigt, aber trotzdem ein Mekka für Wanderer, Extremkletterer und Wassersportler geblieben.

Zwei Panoramastraßen, die *Corniche Sublime* im Süden und die *Corniche des Crêtes* im Norden eröffnen fast nach jeder Kurve atemraubende Einblicke in die Schlucht, etwa von der 800 m hohen *Falaise des Cavaliers* zwischen Comps und Aiguines.

LAC DE SAINTE-CROIX [124–125 C–D4]

Erst 1974 ist der 22 km² große Stausee zur Elektrizitätsgewinnung, Bewässerung und Zähmung des Verdon mit einer Vielzahl von Wassersportangeboten fertig geworden. Das Dorf *Les Salles* ist vollständig in den Fluten versunken und neu aufgebaut worden. Von *Sainte-Croix* ist nur noch das alte, einst verlassene Dorf übrig. Es zählt heute wie Bauduen und Moustiers-Sainte-Marie zu den Badeorten im Naturpark.

MOUSTIERS-SAINTE-MARIE [125 D3]

Ein Bergdorf wie aus dem Bilderbuch: Nicht weit vom Ausgang der Verdonschlucht kauert das 600-Ew.-Nest am Fuß von zwei Felsen, zwischen denen seit dem frühen Mittelalter eine Kette mit einem silbernen Stern gespannt ist. Moustiers, einst von den Mönchen der Lérinsinseln vor Cannes besiedelt, wurde im 18. Jh. zu einem wichtigen Fayencezentrum. Der Wirtschaftszweig hat nach der Krise im 19. Jh. eine Renaissance erlebt; heute produzieren knapp 20 Werkstätten die Fayencen von Moustiers.

Moustiers ist wieder schick: Starkoch Alain Ducasse hat hier eine Filiale seines Gastroimperiums mit angeschlossenem Hotel eröffnet: *La Bastide de Moustiers (im Winter Mo–Mi geschl. | 12 Zi. | chemin de Quinson | Tel. 04 92 70 47 47 | www.bastide-moustiers.com | €€€).* Für schmalere Geldbeutel lohnt sich das Restaurant *La Treille Muscate (Juli/Aug. Mi-Abend, sonst Mi-Abend und Do geschl. | place de l'Église | Tel. 04 92 74 64 31 | €€).* Wenn im Sommer der Mistral Kühle bringt, biete die Chefin für die Terrasse Ponchos an. Auskunft: *rue de la Bourgade | Tel. 04 92 74 67 84 | Fax 04 92 74 60 65 | www.ville-moustiers-sainte-marie.fr*

Insider Tipp

QUINSON [124 B–C5]

Das typisch provenzalische Dorf am Verdon ist mit einem Rückgriff auf die Vergangenheit in der Zukunft des Tourismus angekommen: Am südlichen Ende des Stausees von Sainte-Croix hat der britische Architekt Norman Foster, der die Glaskuppel auf den Berliner Reichstag setzte, ein hypermodernes Museum der Vorgeschichte *(Musée de Préhistoire des Gorges du Verdon | Feb.–Mitte Dez. Mi–Mo 10–18, Frühjahr und Herbst bis 19, Juli/Aug. tgl. 10–20 Uhr | 7 Euro | www.museeprehistoire.com)* gebaut: mit interaktiven Computerdemonstrationen, Filmvorführungen, auch mit deutschem Erklärungstext und Imbiss.

Insider Tipp

Klettern in der Verdonschlucht ist auch für Zuschauer ein echter Nervenkitzel

> HIER SCHLÄGT DAS HERZ DER PROVENCE

Südfranzösisches Savoir-vivre zwischen Arles, Camargue und Aix-en-Provence

> Römer, Kaiser, Könige, Bischöfe, Minnesänger, Schriftsteller, Maler, Musiker, Prominente, Spitzenköche: Seit der Antike hat das Gravitationszentrum der Provence seine Anziehungskraft nie verloren.

Der Giebel der alten Zehntscheuer *(Halle aux Grains)* in Aix-en-Provence macht dabei deutlich, wo das alte Herz der Provence schlägt: Links die Skulptur, die als Vater (in Frankreich ist die Rhône maskulin) den Fluss symbolisiert. Rechts die Mutterfigur der Durance, die mit dem Wasser aus den Alpen dafür sorgt, dass dieses Dreieck zwischen Mittelmeer, Arles und Aix-en-Provence so fruchtbar ist, dass es schon in Römerzeiten zu den wichtigsten Kulturlandschaften ganz Europas zählte.

Heute gehen in Aix, Avignon und La Roque-d'Anthéron die besten Festspiele Frankreichs für Musik und Theater über die Bühne. Feinschme-

Bild: Blick auf Arles vom anderen Rhôneufer

DER SÜDEN

cker pilgern selbst in die kleinen Dörfer der Alpilles. Naturfreunde sehen sich nicht satt an der Fauna und Flora in der Camargue.

In Straßencafés, auf Bouleplätzen, auf Märkten und bei Festen in den alten Metropolen, aber auch in Kleinstädten wie Tarascon, Salon oder Saint-Rémy wird auch im Winter, wenn der eiskalte Mistral bläst, das *savoir-vivre,* die Kunst des Lebens, im Süden spürbar.

AIX-EN-PROVENCE

KARTE AUF SEITE 68

[129 D2] Die alte Hauptstadt der Provence ist wahrlich kein Museum. Die unvergleichliche Mischung aus aristokratischer Ruhe, fröhlichem Trubel, architektonischen Kostbarkeiten, schillerndem Kulturangebot, farbenprächtigen Märkten

und wissenschaftlicher Kompetenz strahlt weit über die Provence hinaus. Umfragen bestätigen es immer wieder: Aix-en-Provence (135 000 Ew.) ist die Traumstadt der Franzosen.

Vor dem Rathaus in Aix-en-Provence

Dementsprechend hoch sind zum Leidwesen der Bürger und vor allem der rund 30 000 Studenten die Preise für Wohnungen im historischen Stadtzentrum, in dem sich heute noch Paul Cézanne und Émile Zola ohne Probleme zurechtfinden würden. Aix hat nämlich nach der Revolution 1789 den Aufbruch in die Moderne verschlafen, galt im 19. Jh. als langweiliges Provinznest und ist erst nach dem Zweiten Weltkrieg aufgewacht. Mit dem großen innerstädtischen Neubaugebiet Sextius-Mirabeau, das direkt an die *Rotonde* (place Général de Gaulle) anschließt, hat Aix die Quadratur des Kreises geschafft. Die vor 20 Jahren eingeweihte *Méjanes-Bibliothek (Di, Do, Fr 10–18, Mi und Sa 12–18 Uhr)* Insider Tipp mit Kulturzentrum, Opernvideothek, deutschsprachiger Bücherei, Internetcafé, Kino- und Leseräumen in einer ehemaligen Streichholzfabrik war nur der Anfang. 2006 ist das Ballettzentrum *Pavillon Noir* (Programm unter *www.preljocaj.org*) dazugekommen. 2007 haben die Berliner Philharmoniker unter Sir Simon Rattle das *Grand Théâtre de Provence (www.legrandtheatre.net)* eröffnet. Die Aussicht von der Terrasse des Gebäudes von Vittorio Gregotti auf die Stadt und das Sainte-Victoire-Gebirge ist überwältigend. Ein Schmuckstück ist die Pflanzenwand *(mur végétal)* des Insider Tipp Landschaftsarchitekten Patrick Blanc an der Eisenbahnbrücke neben dem Konzertsaal. Vom *Grand Théâtre* führen die allées Provençales mit Geschäften an der avenue Giuseppe Verdi zur Rotonde.

SEHENSWERTES

Das Office de Tourisme an der place Général de Gaulle, die mit ihrem monumentalen Brunnen aus dem 19. Jh. von den Einheimischen nur *La Rotonde* genannt wird, ist Ausgangspunkt für Spaziergänge und Stadtführungen, zum Teil auch in deutscher Sprache. Themen der Touren sind u.a. die Spuren von Cézanne oder seinem Schulfreund Zola, der seine Heimatstadt unter dem Namen Plassans mehrfach zum Schauplatz seiner Romane wie „Die Rougon-Macquart" machte. Mit der Karte „Visa pour Aix" (2 Euro) erhalten Sie Sondertarife für Museen, Führungen oder Busfahrkarten.

ATELIER PAUL CÉZANNE ★

Paul Cézanne hat sich 1902 im Norden der Altstadt das Atelier gebaut, das nach seinem Tod 1906 bis heute praktisch unverändert blieb. Zu sehen sind zwar keine Bilder, aber Requisiten und Erinnerungsstücke an den Künstler, der hier die „Großen Badenden" malte. Auf dem Programm stehen audiovisuelle Vorführungen und im Sommer Nachtspaziergänge durch den Garten mit Ton-Licht-Spielen *(Nuits des Toiles | 8 Euro)*. Außerdem gibt es eine reich bestückte Boutique. *Sommer tgl. 10–19, Winter 10–12 und 14–17 Uhr | 9, avenue Paul Cézanne | 5,50 Euro, Kombiticket mit Besichtigungen des Elternhauses Jas de Bouffan und Führung im Steinbruch von Bibémus 12 Euro*

BRUNNEN

Das (Thermal-)Wasser hat einst die Römer in die Stadt gelockt, die den Namen Aquae Sextiae bekam. Dutzende von Brunnen sorgen im Sommer für etwas Frische. Mit rund 30 Grad warmem Thermalwasser wird die *Fontaine Moussue* (1734, auch *Fontaine d'Eau Thermale* genannt) auf der Mitte des cours Mirabeau gespeist, die daher in kalten Winternächten dampft. Elegant zeigt sich die *Fontaine des Quatre Dauphins* (1667) mit vier Wasser speienden Delphinköpfen im Quartier Mazarin, monumental der Brunnen auf der Kopfseite des cours Mirabeau mit der Statue des Königs René d'Anjou (19. Jh.), der Aix im 15. Jh. zu einer Stadt der Künste machte.

MARCO POLO HIGHLIGHTS

★ Camargue
Amphibische Welt an der Rhônemündung (Seite 77)

★ L'Atelier
Jean-Luc Rabanel kocht mit Kräutern und alten Gemüsesorten (Seite 74)

★ Montagne Sainte-Victoire
Der Berg stand Pate für die moderne Malerei (Seite 70)

★ Atelier Paul Cézanne
Hoch über Aix arbeitete der Maler die letzten Jahre seines Lebens (Seite 65)

★ Kathedrale Saint-Trophime
Reich geschmücktes Portal im Stil eines Triumphbogens an der romanischen Kirche von Arles (Seite 72)

★ Cours Mirabeau
Die Platanenallee mit ihren Cafés ist eine der schönsten Flanierstraßen der Welt (Seite 66)

★ Les Baux-de-Provence
Den weiten Blick genossen im Mittelalter die Minnesänger, heute sind es die Touristen (Seite 76)

COURS MIRABEAU ★

Der Prachtboulevard, mit seinen Platanenreihen im Sommer ein Schatten spendender Grüntunnel, ist das ganze Jahr die quicklebendige Ader der Stadt und für viele eine der schönsten Straßen der Welt. Sehen und gesehen werden, das ist hier ganz klar die Devise. Auf der Nordseite liegen Cafés, Restaurants, Geschäfte, auf der Südseite sind wunderschöne Fassaden zu bewundern, verziert mit mächtigen Atlanten (Männer) und Karyatiden (Frauen). Hinter diesen edlen Fronten verbergen sich Luxusgeschäfte oder Banken. Der Boulevard ist im 17. Jh. angelegt und seit der Umgestaltung 2002 von parkenden Autos befreit.

FONDATION VASARÉLY

Der 1997 gestorbene, aus Ungarn stammende Vater der Op-Art, Victor Vasarély, hat im Viertel Jas de Bouffan, in Sichtweite des Familiensitzes von Cézanne, das Museum mit seiner schwarz-weißen Fassade selbst entworfen. *Di–Sa 10–13 und 14–18 Uhr | 21, rue de la Molle | 7 Euro | www.fondationvasarely.fr*

HÔTEL DE VILLE (RATHAUS)

Hier lässt es sich gut regieren! Das Rathaus aus dem 17. Jh. hat hinter dem schmiedeeisernen Portal einen gepflasterten Innenhof. Die kostbare Méjanes-Bibliothek ist ins Neubauviertel Sextius-Mirabeau umgezogen, der Stadtrat tagt weiter in der prächtigen, reich mit Porträts geschmückten Salle des États de Provence. Im Glockenturm, ebenfalls aus dem 17. Jh., wechseln die Figuren je nach Jahreszeit.

KATHEDRALE SAINT-SAUVEUR

An dieser Kathedrale ist 1000 Jahre gebaut worden. Das Baptisterium aus dem 5. Jh. und der Kreuzgang aus dem 12. Jh. sowie die aus Holz geschnitzten Eingangstore aus dem 16. Jh. sind sehenswert. Das berühmte Triptychon „Der brennende Dornbusch" von Nicolas Froment aus dem 15. Jh. ist für die nächsten Jahre wegen Restaurierung nicht im Original zu sehen.

MUSÉE GRANET

Das Kunstmuseum in der ehemaligen Malteserkomturei aus dem 17. Jh. ist nicht nach Paul Cézanne, dem Sohn der Stadt, sondern nach François-Marius Granet (1775–1849) benannt worden. Das für 20 Mio. Euro renovierte Haus hat 2006 mit einer Ausstellung zum 100. Todestag von Cézanne und über 400000 Besuchern seine Feuertaufe bestanden. Es verfügt über einen interessanten Fundus für Dauer- und Wechselausstellungen mit immerhin neun Originalen von Cézanne. *Mi–Mo 11–18 Uhr | place Saint-Jean-de-Malte | Eintritt je nach Ausstellung*

MUSÉE DES TAPISSERIES

Knapp 20 große Wandteppiche des 17./18. Jhs. aus den Ateliers von Beauvais sowie Entwürfe für die Bühnenbilder der Opernfestspiele bilden den Grundstock des Museums im ehemaligen erzbischöflichen Palast mit Blick auf die Freilichtbühne des Festivals. Jeden Sommer finden hier Wechselausstellungen statt. *Mi–Mo 10–12.30 und 13.30–17 Uhr | 28, place des Martyrs de la Résistance | 2,50 Euro*

Auf den Punkt gebracht: die Stiftung des ungarischen Op-Art-Künstlers Victor Vasarély

MUSÉE DU VIEIL AIX

Dauer- und Wechselausstellungen zur Stadtgeschichte in einem Bürgerhaus *(hôtel particulier)* aus dem 17. Jh. Sehenswert ist im Nebenhaus (Nr. 19), dem *Hôtel de Châteaurenard,* in dem heute das Kulturbüro des Rathauses untergebracht ist, das Treppenhaus mit Trompe-l'Œil-Malerei. *Di–So 10–12 und 14.30–18, im Winter bis 17 Uhr | 17, rue Gaston-de-Saporta | 4 Euro*

PAVILLON DE VENDÔME

Pierre Pavillon hat das Gebäude mit seinen beeindruckenden Atlanten am Eingangsportal im Jahr 1665 für die Geliebte des Herzogs von Vendôme gebaut. Heute ist das ehemalige Landhaus Schauplatz für Kunstausstellungen. *Mi–Mo 10–12.30 und 13.30–17 Uhr | 32, rue Célony*

SITE MÉMORIAL DES MILLES

Die ehemalige Ziegelei im Vorort Les Milles war während des Krieges von 1939 bis 1943 Internierungslager für deutsche Intellektuelle wie Max Ernst, Walter Benjamin, Lion Feuchtwanger oder Hans Bellmer. Im Speisesaal sind Wandzeichnungen der Internierten restauriert und ein Dokumentationszentrum eingerichtet. *Mo–Fr 9–12 und 12.45–17 Uhr | 2, rue Adrien Duberc | Les Milles | www.campdesmilles.info*

ESSEN & TRINKEN

Die meisten Restaurants finden sich in der Altstadt nördlich des cours Mirabeau rund um die *rue de la Verrerie*, die *place Ramus, place des Cardeurs, place des Tanneurs* und *place de la Mairie.*

CLOS DE LA VIOLETTE

Das beste Restaurant der Stadt. Jean-Marc Banzo zelebriert seit langen Jahren die Küche seiner Heimat und macht selbst aus simplen Zwiebeln und Artischocken einen Hochgenuss. *So/Mo u. Aug. geschl. | 10, avenue de la Violette | Tel. 04 42 23 30 71 | www.closdelaviolette.com* | €€€

LES DEUX FRÈRES

Außerhalb des Zentrums, aber in unmittelbarer Nähe des Busbahnhofs und mit Parkplätzen vor der Tür, haben die beiden Brüder ihr Restaurant mit anspruchsvoller provenzalischer Küche und großer Sommerterrasse eingerichtet. *Tgl. | 4, avenue Reine Astrid | Tel. 04 42 27 90 32 | www.les2freres.com* | €€

LE PASSAGE ▶▶

Ein neues Gastronomiekonzept in Aix: hypermoderne Einrichtung, Designmöbel und Stahltreppen einer alten Bonbonfabrik gegenüber des Cézanne-Kinos. Preisgünstige Probiermenüs, (22 Euro), Szene-Publikum, Livekonzerte, Ausstellungen, Önothek und Kochschule. *Tgl. | 6, rue Villars | Tel. 04 42 37 09 00 | www.le-passage.fr* | €–€€

LE PATIO

Auch nach dem Pächterwechsel im Sommer 2008 hat das Restaurant nichts von seinem Charme verloren: Im kleinen Innenhof hängt Großmutters Unterwäsche neben Vogelbauern, Tonkrügen und alten Reklametafeln. Die Küche setzt auf heimische

Rezepte und glänzt mit einem Teller voller provenzalischer Spezialitäten. *So/Mo geschl. | 16, rue Victor Leydet | Tel. 04 42 93 02 03 | €–€€*

EINKAUFEN

Aix-en-Provence hat eine fast unwiderstehliche Anziehungskraft auf Menschen, die schöne, praktische oder überflüssige Dinge kaufen oder einfach nur anschauen wollen. In der Altstadt nördlich des cours Mirabeau sind nahezu alle Luxusmarken der Modewelt vertreten. Kulinarische Spezialität der Stadt sind die süßen *calissons,* die u. a. die *Konditorei Béchard (12, cours Mirabeau)* anbietet, oder die Versuchungen von *Chocolat de Puyricard (7, rue Rifle-Rafle).* Spezialist für die *santons,* die provenzalischen Krippenfiguren, ist *Paul Fouque,* der in seiner Werkstatt *(65, cours Gambetta)* Hunderte von Tonfigurinen anbietet.

MÄRKTE

Selbst an Sonn- und Feiertagen gibt es in Aix frisches Gemüse auf dem täglichen Erzeugermarkt an der *place Richelme* zu kaufen. Di, Do und Sa kommt noch der große Wochenmarkt auf der *place des Prêcheurs* dazu, der Floh- und Krämermarkt ist Di, Do und Sa auf der Fläche vor dem Justizpalast *(Palais de Justice)* platziert, die Kleiderhändler dürfen aus Sicherheitsgründen nur noch Sa rund um den Justizpalast verkaufen und ziehen dann Di und Do auf den *cours Mirabeau.* Auf der Prachtstraße bauen im Sommer praktisch jedes Wochenende und im August sogar jeden Abend *(nuitées d'Aix)* Kunsthandwerker ihre Stände auf.

ÜBERNACHTEN

LE MANOIR

Ein ruhiges Hotel in einer ehemaligen Hutfabrik mitten in der Stadt inklusive abgeschlossenem Parkplatz und Terrasse. Das Frühstück wird in einem Kreuzgang aus dem 14. Jh. serviert. *40 Zi. | 8, rue d'Entrecasteaux | Tel. 04 42 26 27 20 | Fax 04 42 27 17 97 | www.hotelmanoir.com | €€*

Markttag in Aix-en-Provence

LES QUATRE DAUPHINS

Eine nette kleine Herberge im alten Nobelviertel, dem Quartier Mazarin, mit relativ kleinen, aber preiswerten Zimmern. *13 Zi. | 54, rue Roux-Alp-*

héran | Tel. 04 42 38 16 39 | Fax 04 42 38 60 19 | €€

SAINT-CHRISTOPHE

Direkt an der Rotonde im Stadtzentrum klimatisierte Zimmer im Art-déco-Stil. Zum Haus gehört die vorzügliche *Brasserie Léopold. 47 Zi. | 2, avenue Victor Hugo | Tel. 04 42 26 01 24 | Fax 04 42 38 53 17 | www.hotel-saintchristophe.com* | €€–€€€

FREIZEIT & SPORT

THERMES SEXTIUS

Das ehemalige Thermalbad ist zum Badetherapiezentrum geworden. *55, cours Sextius | Tel. 04 42 23 81 82 | www.thermes-sextius.com*

AM ABEND

Nicht nur zur Festivalzeit bietet Aix ein vielseitiges Kultur- und Freizeitprogramm. Konzerte, Theater, Kleinkunst, Jazz und Kino sorgen für Abwechslung, es gibt ein Dutzend Diskotheken und Pianobars im Zentrum. Zu den größten Spielkasinos in Frankreich gehört das *Pasino (avenue de l'Europe | Tel. 04 42 59 69 00 | www.pasino-aixenprovence.com)* mit vier Themenrestaurants, Ausstellungsraum und Konzertsaal.

AUSKUNFT

2, place Général de Gaulle | Tel. 04 42 16 11 61 | Fax 04 42 16 11 62 | www.aixenprovencetourism.com

ZIELE IN DER UMGEBUNG

MASSIF DE LA SAINTE-BAUME [129 E–F4]

Ein für provenzalische Verhältnisse ungewöhnlicher Wald mit Buchen und Linden, die im Schutz einer 300 m hohen, senkrechten Felswand gedeihen. Das Gebirge mit seinem 1147 m hohen Gipfel, dem weithin sichtbaren Signal de la Sainte-Baume, ist seit Urzeiten ein Pilgerort. Eine *Grotte* in 946 m Höhe unterhalb des Saint Pilon mit Blick auf die Montagne Sainte-Victoire ist Maria Magdalena gewidmet, die 40 km östlich von Aix in *Saint-Maximin-la-Sainte-Baume* (12 500 Ew.) beerdigt ist. Die *Basilika,* eines der wichtigsten provenzalischen Bauwerke im gotischen Stil, ist seit dem 13. Jh. ein Wallfahrtsort. An der Kirche ist das Hotel *Couvent Royal (66 Zi. | place Jean Salusse | Tel. 04 94 86 55 66 | Fax 04 94 59 82 82 | €€–€€€)* mit Restaurant eingerichtet; das Essen wird im Kreuzgang serviert. Zu den schönsten Gästezimmern in der Provence zählt das Angebot des deutsch-französischen Paares Claude und Martina Fussler auf ihrem 170 ha großen Grundstück ca. 8 km nördlich von Saint-Maximin *(Une Campagne en Provence | 5 Zi. | Domaine Le Peyrourier | Bras | Tel. 04 98 05 10 20 | Fax 04 98 05 10 21 | www.provence4u.com | €€€).* Einfache Zimmer, aber große Küche bietet Lou Pèbre d'Aï *(11 Zi. | Plan d'Aups | quartier Sainte-Baume | Tel. 04 42 04 50 42 | Fax 04 42 04 50 71 | www.loupebredai.com | €–€€)* mitten im Gebirge. Insider Tipp

MONTAGNE SAINTE-VICTOIRE ★ [129 E2]

Der Berg mit seiner steilen, bis zu 1011 m hohen Felswand im Süden hat Paul Cézanne sein Leben lang fasziniert. Bilder der Sainte-Victoire

Die schroffen Kalksteinspitzen der Montagne Sainte-Victoire, die einst Cézanne und Picasso faszinierten, sind heute Kulisse für Gleitschirmflieger

sind in allen großen Museen dieser Welt zu sehen, Pablo Picasso hat als Hommage an den Vater der modernen Malerei eine Zeit lang auf der Nordflanke im Schloss von Vauvenargues gelebt und ist dort beerdigt (keine Besichtigung).

Die Sainte-Victoire, 1989 Opfer eines riesigen Waldbrandes, ist von Aix aus auf der D 17 zu erreichen. Über *Le Tholonet* mit Cafés, Restaurants und einem herrlichen Bouleplatz unter alten Platanen erreichen Sie *Saint-Antonin-sur-Bayon,* wo das Dokumentationszentrum *Maison de la Sainte-Victoire (www.grandsitesaintevictoire.com)* eingerichtet ist. Über *Puyloubier* mit seinem Altersheim für Fremdenlegionäre und *Pourrières* geht es um den Berg zur Nordflanke nach *Vauvenargues.* Von dort aus, vom Gehöft Les Cabassols, führt der einfachste Wanderweg in zwei Stunden hinauf zur Kapelle und dem Kreuz *Croix de Provence* (945 m) mit einem der schönsten Aussichtspunkte der Region.

SILVACANE [122 C5]

Die Klavierfestspiele von La Roque-d'Anthéron haben die Kirche des ehemaligen Zisterzienserklosters aus dem 12. Jh. als Schauplatz für Konzerte erkoren. Silvacane, 25 km nordwestlich von Aix im Durancetal gelegen, gehört wie Sénanque und Le Thoronet zu den Musterbeispielen provenzalischer Romanik. *Sommer tgl. 10–18, sonst Mi–Mo 10–13 und 14–17 Uhr | 6,50 Euro | www.romanes.com/silvacane*

ARLES

KARTE AUF SEITE 73

[127 D2–3] Konstantin der Große hatte hier im 4. Jh. seinen Regierungssitz, Friedrich Barbarossa besuchte im 12. Jh. die damalige Hauptstadt des Königreichs

Burgund. Und der Niederländer Vincent van Gogh suchte sich die Stadt als Motiv für seine Malerei aus. Arles (55 000 Ew.), neben Marseille eine der ältesten Städte Frankreichs, lebt

Schönste provenzalische Romanik: Kathedrale Saint-Trophime in Arles

mit einer gelassenen Selbstverständlichkeit im Einklang mit Vergangenheit und Gegenwart. Die Stierkämpfe in der Arena gehören ebenso zur Alltagskultur wie das internationale Fotofestival im Sommer.

SEHENSWERTES

Die Altstadt mit ihren Plätzen, Gassen und Gebäuden lohnt einen ausgedehnten Spaziergang. Für die Sehenswürdigkeiten und Museen in Arles gibt es einen Pass (13,50 Euro), der für alle Einrichtungen außer für das Museon Arlaten gilt.

LES ARÈNES (AMPHITHEATER)

Eines der größten Amphitheater der Römerzeit (1. Jh.), im Mittelalter als befestigte Stadt in der Stadt ausgebaut und im 19. Jh. wieder freigelegt, ist die Arena heute eine Hochburg für blutige Stierkämpfe und darüber hinaus auch Schauplatz für Konzerte und Folkloreveranstaltungen. Älter und kleiner ist das *Théâtre Antique* ein paar Schritte entfernt. Von der antiken Bühne sind zwei Marmorsäulen erhalten. *Tgl. 10–17, im Sommer 9–19 Uhr | rond-point des Arènes | 4 Euro*

KATHEDRALE SAINT-TROPHIME ★

Die Kirche aus dem 11./12. Jh. gegenüber vom barocken Rathaus birgt zwei Perlen: Der Kreuzgang *(cloître)*, in dem seit 2008 wieder Ausgrabungen stattfinden, gehört zu den elegantesten Bauwerken in der Provence, das Kirchenportal aus dem 12. Jh., dessen Form an einen Triumphbogen erinnert und das mit seinen Skulpturen das Weltengericht darstellt, hat nur noch Konkurrenz in Saint-Gilles, einer kleinen Stadt 15 km westlich von Arles. *Tgl. 10–16.30, im Sommer 9–19 Uhr | place de la République | 3,50 Euro*

MUSÉE DE L'ARLES ANTIQUE

Insider Tip

In dem gewagten, von Henri Ciriani entworfenen dreieckigen Gebäude auf der Halbinsel des Cirque Romain haben die antiken Schätze der Stadt ihre Heimat. Das Museum mit seinen Stadtmodellen und Ausstellungsstücken wie den Grabdenkmälern aus dem Alyscamps-Friedhof öffnet die Augen für die Besichtigung der heutigen Stadt. Sehenswerte Wechselausstellungen. *Tgl. 10–17, im Sommer bis 19 Uhr | 5,50 Euro | www.arles-antique.cg13.fr*

MUSÉE RÉATTU

Im sorgsam renovierten ehemaligen Malteserpalast am Rhôneufer sind neben knapp 60 Zeichnungen von Pablo Picasso Skulpturen und Gemälde von anderen Künstlern wie Ossip Zadkine, César Baldaccini oder Germaine Richier ausgestellt. *Sommer tgl. 9–12.30 und 14–19, Winter 10–12 und 14–16.30 Uhr | rue du Grand Prieuré | 4 Euro*

MUSEON ARLATEN

Literaturnobelpreisträger Frédéric Mistral hat das Heimatmuseum 1896 gegründet, das mit 30000 Objekten das Alltagsleben von Arles im 19. Jh. illustriert. *Sommer tgl. 9.30–13 und 14–18.30, Winter Di–So 9.30–12.30 und 14–17 Uhr | rue de la République | 1 Euro | www.museonarlaten.fr*

THERMES DE CONSTANTIN

Nur ein kleiner Teil der römischen Thermen, die unter Kaiser Konstantin im 4. Jh. gebaut wurden, sind freigelegt, aber damit ist dies trotzdem die größte Anlage ihrer Art, die in der

Provence noch existiert. *Tgl. 10–12 und 14–17, im Sommer 9–19 Uhr | Zugang über die rue Maïsto, gegenüber Musée Réattu | 3,50 Euro*

VINCENT VAN GOGH

Zwischen Februar 1888 und Mai 1889 hat der niederländisch Maler Vincent van Gogh in Arles mehr als 200 Gemälde und 100 Zeichnungen angefertigt *(Espace van Gogh | Di–So 9–17 Uhr | rue du Président Wilson | Eintritt frei).* In der *Fondation Van Gogh (Di–So 14.30–17.30, im Sommer tgl. 10.30–19 Uhr | 13, rue Aristide Briand | 7 Euro)* stellen Künstler als Hommage an van Gogh aus.

> LOW BUDGET

- Das *Charlotte* in Aix ist mit preisgünstigen provenzalischen Menüs (14–17 Euro) eine Institution *(Sa, So, Aug. geschl. | 32, rue des Bernardines | Tel. 04 42 26 77 56).*
- Der Ausblick von der Jugendherberge in Aix auf das Sainte-Victoire-Gebirge ist wunderschön *(Auberge de Jeunesse | 3, avenue Marcel Pagnol | 2 km vom Stadtzentrums von Aix-en-Provence | Tel. 04 42 20 15 99 | www.fuaj.com).* Preis/Nacht: 17,30 Euro inkl. Frühstück, Mittagessen: 9,80 Euro. Fahrradverleih.
- Das Kulturzentrum *L'Entrevue* vereint in der Altstadt von Arles Programmkino, den Verlag Actes Sud, dessen Buchhandlung, eine Galerie, ein marokkanisches Dampfbad sowie ein Restaurant mit provenzalischen und maghrebinischen Menüs unter 20 Euro *(So geschl. | place Nina Berberova | Tel. 04 90 93 37 28 | www.restaurant-lentrevue.com).*

ESSEN & TRINKEN

A COTÉ

Jean-Luc Rabanel hat im Zentrum von Arles ein paar Schritte von seinem Gourmetrestaurant L'Atelier eine Bistrofiliale mit preisgünstigen Leckerbissen eröffnet. *Tgl. | 21, rue des Carmes | Tel. 04 90 47 61 13 | www.bistro-acote.com | €–€€*

L'ATELIER ★

Starkoch Jean-Luc Rabanel zelebriert seine Menüs mit bis zu 13 Vorspeisen, Hauptgerichten aus originellen alten Gemüsesorten wie Topinambur und Kräutern, die im eigenen Biogarten wachsen. Weinkarte mit regionalen Spezialitäten *(Mo/Di geschl. | 7, rue des Carmes | Tel. 04 90 91 07 69 | www.rabanel.com | €€€).*

AU BRIN DU THYM

Stierpastete, gegrillter Thunfisch, Tauben und Feigen: frische Produkte im hübschen Saal oder auf der von Oleanderbüschen gesäumten Terrasse. *Mi-Mittag und Di geschl. | 22, rue du Docteur Fanton | Tel. 04 90 49 95 96 | www.aubrindethym.com | €€*

EINKAUFEN

Mit rund 600 Händlern ist der Samstagsmarkt am *boulevard des Lices* einer der größten in der Region. Wochenmarkt ist mittwochs auf dem *boulevard Émile Combes.* Modeschöpfer *Christian Lacroix* hat in Arles eine Boutique *(52, rue de la République).* Der 1958 gegründete exquisite Musikverlag *Harmonia Mundi* verkauft seine CDs im eigenen Geschäft *(3, rue du Président Wilson | www.harmoniamundi.com).*

ÜBERNACHTEN

LE CALENDAL

Hotel aus dem 17. Jh. mit hübschem Garten gegenüber vom antiken Theater; im Sommer mit Restaurantbetrieb (€–€€). *38 Zi. | 5, rue Porte de Laure | Tel. 04 90 96 11 89 | Fax 04 90 96 05 84 | www.lecalendal.com |* €€–€€€

LE CLOÎTRE

In einer kleinen Straße liegt dieses liebevoll renovierte Hotel mit seinen Gewölben aus dem 12. Jh. und den im provenzalischen Stil eingerichteten Zimmern. *30 Zi. | 16, rue du Cloître | Tel. 04 90 96 29 50 | Fax 04 90 96 02 88 | www.hotelcloitre.com |* €–€€

AM ABEND

CARGO DE NUIT

Musikbar mit Taparestaurant und Livekonzerten. *7, avenue Sadi-Carnot | Tel. 04 90 49 55 99 | www.cargodenuit.com*

Blühender Mohn, Weinberge, Olivenhaine: Les Alpilles

AUSKUNFT

43, boulevard des Lices | Tel. 04 90 18 41 20 | Fax 04 90 93 17 17 | www.arlestourisme.com

ZIELE IN DER UMGEBUNG

ALPILLES [127 D–F2]

Höher als 500 m ist kein einziger Gipfel der „Kleinen Alpen", aber der Gebirgszug, der gut 10 km nordöstlich von Arles über dem Schwemmland der Rhône aufsteigt, muss sich mit seinen Schluchten und Tälern nicht vor viel höheren Bergen verstecken. Am Fuß der weißen Felsen wachsen die meisten Olivenbäume Frankreichs, liefern Reben die Trau-

Die Pferde der Camargue grasen friedlich in der traumhaft schönen Sumpflandschaft

ben für exquisite Weine. Die Krone der Alpilles sind die Burgruine und das stark frequentierte Dorf von ★ *Les Baux-de-Provence.* Der Blick von der Felsenkuppe der ehemaligen Hochburg für Minnesänger auf die Ebene Plaine de la Crau und die Camargue ist atemraubend. Unterhalb des Dorfs reihen sich im *Val d'Enfer,* dem „Höllental", die Gourmetrestaurants. Auskunft: *Ilot Post Tenebras Lux | Tel. 04 90 54 34 39 | Fax 04 90 54 51 15 | www.lesbaux-deprovence.com*

Weitere lohnende Ziele in den Alpilles sind Dörfer wie *Aureille* (Stierfest Mitte August), *Mouriès* (Golfplatz), *Eyguières* (Schloss Roquemartine) oder *Eygalières* mit seiner romanischen Kapelle *Sainte-Sixte* und attraktive Feinschmeckerrestaurants wie *Chez Bru (Di-Mittag und Mo geschl. | rue de la République | Tel. 04 90 90 60 34 | auch 4 Zi. | €€€ | www.chezbru.com).* Sehenswert ist der Alchimistengarten *(Jardin de l'Alchimiste | Mai–Okt. tgl. 10–19 Uhr | 6 Euro | www.jardin-alchimiste.com)* in Eygalières neben dem

Insider Tipp

zum Hotel ausgebauten Landhaus *Mas de la Brune (4 Zi. | Tel. 04 90 90 67 67 | Fax 04 90 95 99 21 | www.masdelabrune.com | €€€)* aus dem 16. Jh.

CAMARGUE ★ [126–127 B–E3–6]

Schwarze Stiere, weiße Pferde und rosarote Flamingos: Das sind die Hauptdarsteller im Delta der Rhône zwischen Salzgärten und Reisfeldern. Ein großer Teil des Schwemmlands ist zwar seit 1970 zum regionalen Naturpark erklärt worden, aber Landwirte, Stierzüchter und Umweltschützer kämpfen immer noch um ein Gleichgewicht zwischen wirtschaftlichen Interessen und Naturschutz in der für Frankreich einzigartigen Sumpflandschaft. Die Camargue lässt sich mit dem Schiff entdecken *(Tiki III | Saintes-Maries-de-la-Mer | Tel. 04 90 97 81 68 | März–Nov. | 10 Euro),* auf dem Pferd, zu Fuß oder mit dem Mountainbike. Der Sommer mit seinen Stechmücken ist die ungünstigste Jahreszeit für einen Besuch.

Wer nicht nur an den Stränden von Salin-de-Giraud oder Saintes-Maries-de-la-Mer baden will, bekommt exzellente Informationen im *Musée Camarguais (tgl. 10–17, im Hochsommer 9–18 Uhr | Mas du Pont de Rousty | 5 Euro | www.parc-camargue.fr),* das einen 3,5 km langen Entdeckungspfad angelegt hat. Einen großen Vogelpark *(Parc ornithologique | tgl. 9, Winter 10 Uhr–Sonnenuntergang | 6,50 Euro),* in dem vor allem im Winter Tausende von Flamingos leben, schließt das *Centre d'Information de Ginès (Sa–Do 9–18, im Winter bis 17 Uhr | D 570 | Pont-de-Gau)* ein.

Die einst so wichtige Salzgewinnung in der Camargue ist mittlerweile erheblich reduziert. Eine Aussichtsplattform auf einem der Salzberge im Süden des kleinen Arbeiterdorfes Salin-de-Giraud an der D 36 zeigt aber weiter das verblüffende Farbenspektrum der einzelnen Becken, in denen die Sonne das Meerwasser verdampft und die Kristalle freigibt.

> OLIVENÖL ALS ELIXIER

Bis zu 1000 Jahre alte Bäume tragen die Früchte

Olivenöl mit seinem hohen Anteil an ungesättigten Fettsäuren ist eines der Geheimnisse für gesunde Ernährung. Die knorrigen Bäume, die bis zu 1000 Jahre alt werden und die großen Fröste von 1956 und 1985 überlebt haben, erleben mit Subventionen aus Europa für Neupflanzungen eine Renaissance in der Provence. Die *tanche,* die schwarze Olive aus der Gegend um Nyons war die erste, die südfranzösischem Öl 1994 die begehrte Herkunftsbezeichnung *appellation d'origine contrôlée* (AOC) verschaffte. Inzwischen haben Aix-en-Provence und vor allem die Alpilles mit der AOC-Bezeichnung *Les-Baux-de-Provence* nachgezogen. Das Oilvenöl aus Sorten wie *grossane, salonenque* oder *aglandau* ist nicht nur bei Spitzenköchen und Feinschmeckern als Gesundheitselixier begehrt und dementsprechend teuer geworden.

MONTMAJOUR [127 D2]
Die ehemalige Benediktinerabtei 3 km nordöstlich von Arles ist schon von Weitem zu sehen. Die Anlage mit der Kirche Notre-Dame, der Krypta und dem Kreuzgang aus dem 12. Jh., im Mittelalter auf einer Insel im Schwemmland gebaut, ist von der Unesco als Weltkulturerbe eingestuft. *Sommer tgl. 9–19, April–Sept. tgl. 10–18, sonst Di–So 10–17 Uhr | 6,50 Euro*

SAINTES-MARIES-DE-LA-MER [126 B5]
Die Wallfahrt der Sinti und Roma am 24. Mai eröffnet jedes Jahr die Saison im ehemaligen Fischerdorf (2500 Ew.) knapp 40 km südlich von Arles. Das ganze Jahr über sehenswert ist die Festungskirche mit *Aussichtsplattform (Sommer tgl. 10–12 und 14–18, Juli/Aug. bis 20, Winter Mi, Sa und So 10–12 und 14–17 Uhr | 2 Euro).* Das Hotel- und Gastronomieangebot ist vielfältig. Es gibt hier preiswerte Adressen wie *Le Delta (7 Zi. | place Mireille | Tel. 04 90 97 81 12 | Fax 04 90 97 72 85 | €)* oder das Hotel *Mas de Salicornes (16 Zi. | route d'Arles | Tel./Fax 04 90 97 83 41 | www.hotel-salicornes.com | €–€€)* mit einem Dutzend Pferde für Ausflüge in die Natur. Auskunft: *5, avenue van Gogh | Tel. 04 90 97 82 55 | Fax 04 90 97 71 15 | www.saintesmariesdelamer.com*

Traditionsverbundene Pilger bei der Zigeunerwallfahrt in Saintes-Maries-de-la-Mer

SAINT-RÉMY-DE-PROVENCE [127 E1]
So sieht eine typische provenzalische Kleinstadt aus: überall Spuren aus der Römerzeit, ein mittelalterliches Zentrum, Cafés im Schatten von Platanen, Galerien und Kunsthandwerker. Saint-Rémy (10000 Ew.), 25 km nordöstlich von Arles, ist im Sommer überlaufen, entfaltet aber außerhalb der Hochsaison ungeheuren Charme. Sehenswert: die Ausgrabungsstätte der antiken Stadt *Glanum (Sommer tgl. 10–18.30, sonst Di–So 10.30–17 Uhr | 6,50 Euro)* 1 km südlich des Stadtzentrums. Vincent van Gogh blieb 1989–1890 in der Heilanstalt des ehemaligen Klosters Saint-Paul-de-Mausole, das heute noch als psychatrisches Krankenhaus genutzt wird und auf Kunsttherapie setzt. Die Allee mit den Schwertlilien gibt es immer noch, neu ist ein Feld im Park, wie es der Maler einst gesehen hat *(Monastère de Saint-Paul-de-Mausole | April–Okt. 9.30–19, Nov.–März 10.15–16.45 Uhr | 3,80 Euro)*. Mitten in der Stadt, in der Nostradamus geboren wurde, ist das Museum *Centre d'Art-Présence van Gogh (April–Dez. Di–So 10.30–12.30 und 14.30–18.30 Uhr | 8, rue Estrine | 3,20 Euro)* eine Hommage an den Maler. Auskunft: *place Jean-Jaurès | Tel. 04 90 92 05 22 | Fax 04 90 92 38 52 | www.saintremy-de-provence.com*

SALON-DE-PROVENCE [122 A6]
Schön herausgeputzt ist das historische Zentrum der sympathischen Kleinstadt (37000 Ew.) 40 km östlich von Arles. Sie können das *Schloss von Empéri (Sommer Mi–Mo 10–18, Winter 10–12 und 14–18 Uhr | 3,05 Euro)* mit Militärmuseum besuchen, das Wachsfigurenkabinett *Musée Grévin (Mo–Fr 9–12 und 14–18, Sa/So 14–18 Uhr | place des Centuries | 3,05 Euro)*, das *Haus von Nostradamus (Mo–Fr 9–12 und 14–18, Sa/So 14–18 Uhr | rue Nostradamus | 3 Euro)* und die alte Seifenfabrik *Savonnerie Marius Fabre (Mo–Fr 9.30–11.30 und 13.45–17 Uhr | 148, avenue Paul Bourret | 3,85 Euro | www.marius-fabre.fr)* in der Nähe des Bahnhofs. Exzellente provenzalische Küche und Desserts nach Großmutters Rezepten serviert die Familie Miège im Restaurant *La Salle à Manger (So/Mo geschl. | 6, rue Maréchal Joffre | Tel. 04 90 56 28 01 | €€)*. Auskunft: *56, cours Gimon | Tel. 04 90 56 27 60 | Fax 04 90 56 77 09 | www.visitsalondeprovence.com*

Insider Tipp

TARASCON [127 D1]
Das Städtchen Tarascon (13000 Ew.) 20 km nördlich von Arles lebt vor allem von seiner Vergangenheit: Das *Schloss von König René (Sommer tgl. 10–18.30, Winter Di–So 10.30–17 Uhr | 6,10 Euro)* aus dem 15. Jh. bietet eine Aussichtsterrasse auf einem Felsen hoch über der Rhône und steht jeden Sommer im Mittelpunkt, wenn die Stadt mittelalterliche Spiele organisiert. Es lohnt sich aber auch ein Spaziergang durch die Gassen des Zentrums und ein Besuch des Museums der Firma *Souleïado (Sommer tgl. 10–17, sonst Di–Sa 10–17 Uhr | 39, rue Proudhon | 6,10 Euro)*, das Ihnen die typisch provenzalischen Stoffen, Kostüme und Accessoires präsentiert. Auskunft: *59, rue des Halles | Tel. 04 90 91 03 52 | www.tarascon.org*

> LEBENDIGE METROPOLE VOLLER POESIE

Als kulturelles Zentrum des Südens
erlebt Frankreichs älteste Stadt einen neuen Aufschwung

KARTE IN DER HINTEREN UMSCHLAGKLAPPE

> Marseille [128–129 C–D4] kennt keine Zwischentöne. Man liebt oder hasst die älteste Stadt Frankreichs. Die Großstadt (800 000 Ew.) an einer der schönsten Buchten des Mittelmeers ist ein Schmelztiegel der Nationen, mit ihren über 100 Vierteln chaotisch, voller Widersprüche und voller Poesie.

Wie ihr Aushängeschild, der über 100 Jahre alte Fußballclub Olympique de Marseille (OM), hat die Stadt in ihrer 2600-jährigen Geschichte alle Höhen und Tiefen erlebt.

Heute steht die Metropole am Mittelmeer vor einem erneuten Aufschwung. Der Hochgeschwindigkeitszug TGV verbindet Marseille in drei Stunden mit Paris und lässt die Immobilienpreise explodieren. Die Stadt gilt als kulturelles Zentrum des Südens. Die vielen Theater haben mehr Zuschauer als die Kicker von

Bild: Der Hafen von Marseille

MARSEILLE

OM, in den alten Industriebrachen experimentieren junge Künstler, die Rapp-Musik mit nordafrikanischen Elementen ist in ganz Frankreich ein Begriff. Und seit der Fußball-WM 1998 ist Marseille mit seinen herrlichen Stränden auch touristisches Ziel. Kein Wunder also, dass Frankreich Marseille als europäische Kulturhauptstadt 2013 vorschlägt.

Wer verstehen will, warum die allermeisten Einwohner Marseille trotz des schlechten Rufes lieben, muss nur einmal vom Vieux Port, dem Alten Hafen, auf der Corniche, der Küstenstraße, am Meer entlang nach Osten fahren, bis zu den kleinen Häfen von Les Goudes oder Callelongue. Und wer vom Platz der Kathedrale Notre-Dame-de-la-Garde aus sieht, wie die untergehende Sonne das Häusermeer am Wasser in Gold taucht, bevor sie hinter den Hügeln versinkt, wird diesen majestätischen

Blick über die Metropole nie mehr vergessen.

SEHENSWERTES

Das Office de Tourisme bietet neben Routenvorschlägen einen *City-Pass (1 Tag 20 Euro, 2 Tage 27 Euro)* mit kommentierten Besichtigungen, Überfahrt zum Château d'If, Gratis-

Jeden Morgen schlagen die Fischer am Quai des Belges ihre Stände auf

eintritt in 14 Museen, kostenloser Nutzung von Bus und Métro sowie weiteren Ermäßigungen an. Ausflüge mit dem Schiff in der Bucht von Marseille *(ca. 2 Std | 15 Euro)*, in die Calanques *(3,5–4 Std | 25 Euro)* oder Themenausflüge wie auf den Spuren von Krimi-Autor Jean-Claude Izzo bietet Icard Maritime *(*[U C3]*, 1, quai Marcel Pagnol | Tel. 04 91 33 03 29 | www.marseille-cote-mer.com)* an.

Öffnungszeiten der Museen wenn nicht anders angegeben *Juni–Sept. Di–So 11–18, Okt.–Mai 10–17 Uhr | Eintritt 2–3 Euro*

ALTSTADT [U C-D2]

Der *Vieux Port,* der ★ Alte Hafen, ist seit 2500 Jahren das Herz von Marseille und Ausgangspunkt für die Erkundung der Stadt. Jeden Morgen findet am quai des Belges, an dem die Ausflugsschiffe anlegen, der pittoreske *Fischmarkt* statt. Rechter Hand, über den quai du Port auf der Höhe des Rathauses *(Hôtel de Ville)*, das von der deutschen Abrissaktion im Zweiten Weltkrieg verschont wurde, führt der Weg ins Altstadtviertel *Le Panier*. Wie das Rathaus erhalten geblieben sind die *Maison*

Diamantée und das *Hôtel du Cabre* mit ihren sehenswerten Fassaden aus dem 16. Jh. Vom markanten Turm, dem *Clocher des Accoules,* geht es über Treppen hinauf zur *place des Moulins,* dem Zentrum des Viertels, das mitten in der Großstadt heute noch dörflichen Charakter hat. Le Corbusier, dem großen Architekten, ist es zu verdanken, dass das von Pierre Puget (1620–1694) entworfene Armenkrankenhaus *La Vieille Charité,* eines der schönsten Barockensembles in Frankreich, als ▶▶ Kulturzentrum restauriert wurde.

CHÂTEAU D'IF UND FRIOULINSELN [128 C4–5]

Der Graf von Monte Christo gilt als berühmtester Gefangener auf der kleinen Insel If. Dabei war er nur Romanheld von Alexandre Dumas. Die Festung auf *Château d'If* mit dem Aussichtsturm wird wie auch die anderen Eilande in der Bucht von Marseille, die Frioulinseln *Ratonneau* und *Pomègues,* vom Alten Hafen aus angefahren *(tgl. jede Stunde im Sommer | Kombiticket 12 Euro).* Ratonneau hat mit dem *Port de Morgeret* und der *Calanque de Saint-Estève* unterhalb des ehemaligen Quarantänekrankenhauses Caroline zwei der schönsten Strände der Stadt. Insider Tipp

CITÉ RADIEUSE [0]

In Marseille heißt die revolutionäre Wohnanlage von Le Corbusier *La Maison du Fada,* „Haus des Verrückten". Die 1953 vollendete „Lichterstadt" auf Pfeilern für rund 2000 Menschen (mit Buslinien 21 und 22 zu erreichen) gilt als Meilenstein der modernen Architekturgeschichte. Das Haus beherbergt ein *Hotel und Restaurant (21 Zi. | 280, boulevard Michelet | Tel. 04 91 16 78 00 | Fax 04 91 16 78 28 | www.hotellecorbusier.com | €–€€€, mit Feinschmeckerrestaurant Le Ventre de l'Architecte | So geschl. | €€–€€€)* im Stil der Fünfzigerjahre. Von der Dachterrasse haben Sie einen herrlichen Blick auf Stadt und Meer. Insider Tipp

COURS JULIEN ▶▶ [U F2–3]

Das Viertel, bis in die Siebzigerjahre der große Gemüsemarkt der Stadt, ist

MARCO POLO HIGHLIGHTS

★ **Alter Hafen**
Hier schlägt das Herz der Stadt am Mittelmeer (Seite 82)

★ **Corniche des Crêtes**
Fahrt entlang der Felsenküste hoch überm Mittelmeer (Seite 89)

★ **Cassis**
Hafen, Wein, Felsenstrände: schönes Finale der Calanques (Seite 88)

★ **Calanques**
Die hohen, weißen Küstenklippen südlich von Marseille (Seite 88)

★ **La Vieille Charité**
Modernes Kulturzentrum mit zwei sehenswerten Museen im Barockbau aus dem 17. Jh. (Seite 85)

★ **Notre-Dame-de-la-Garde**
Kathedrale in großartiger Aussichtslage (Seite 85)

mit seinen Cafés, Restaurants und Geschäften zum Treff für die jüngere Generation geworden.

DOCKS DE LA JOLIETTE [U C1–2]
Ein Symbol für den Aufschwung von Marseille. Die Lagerhallen im Hafen aus dem 19. Jh. sind in den Neunzigerjahren zu einem riesigen Bürogebäude mit Cafés und Restaurants umgebaut worden.

Eindrucksvolle Nachahmung historischer Stilformen: die Kathedrale La Major

GÄRTEN UND PARKS
Über 300 Gärten, Parks und Grünanlagen hat Marseille. Der ▸▸ *Parc Borély* [0] in der Südstadt hinter der Pferderennbahn an der Strandpromenade mit tropischem Gewächshaus, Rosengarten, See und *Schloss (Mi, Do, Sa, So 10–19, Mo, Di, Fr 13–19 Uhr | 3 Euro)* ist Anfang Juli Schauplatz für die Pétanquemeisterschaft der Zeitung „La Marseillaise". Im Herrenhaus der *Campagne Pastré* [0] Insider Tipp in Richtung Osten an der avenue de Montredon mit herrlichem Park ist das *Fayencemuseum (Di–So 11–18, Winter 10–17 Uhr | 2 Euro)* untergebracht. Einen großartigen Blick auf den Alten Hafen bietet der *Garten des Palais du Pharo* [U B3], den Napoleon III. gegenüber dem Fort Saint-Jean für seine Frau bauen ließ.

KIRCHEN
Für den Bau der *Kathedrale La Major ([U C2], place de la Major)* im 19. Jh. ist die alte Major-Kathedrale, eine der schönsten romanischen Kirchen des Südens, fast zerstört wor-

den. Die Restaurierung kommt nur schleppend voran, das Gotteshaus ist wegen Einsturzgefahr geschlossen. Dafür ist der Vorplatz der neuen Major-Kirche mit herrlichem Blick aufs Meer komplett neu gestaltet. Die *Wehrkirche Saint-Victor (*[U C4] *| tgl. 10–19 Uhr | place Saint-Victor | 1,50 Euro)* aus dem 11. und 13. Jh. mit einer sehenswerten Krypta steht auf den Fundamenten eines einst mächtigen Klosters (3.–5. Jh.) und ist heute Konzertsaal für ein Klassikfestival. Eine architektonische Schönheit ist ★ *Notre-Dame-de-la-Garde (*[U D5] *tgl. 7–19.30, Sommer bis 21 Uhr | plateau de la Croix)* aus dem 19. Jh. genauso wenig wie La Major, aber die Aussicht von dem 162 m hohen Hügel versöhnt mit allem Kitsch. Trotzdem sehenswert die Exvototafeln im Innern der 2008 komplett restaurierten Kathedrale, die ganz Marseille nur La Bonne Mère („Die Gute Mutter") nennt.

MUSÉE D'ART CONTEMPORAIN [0]

Die übergroße Daumenskulptur des in Marseille geborenen César zeigt den Weg zum Museum für zeitgenössische Kunst. *69, avenue de Haifa*

MUSÉE CANTINI [U E3]

Spezialisiert auf Kunst des 20. Jhs. bis 1960. Die Surrealisten um André Breton und Max Ernst, die im Zweiten Weltkrieg als Flüchtlinge in Marseille lebten, haben dem Haus viele Arbeiten vermacht. *19, rue Grignan*

Insider Tipp VALLON DES AUFFES/ MALMOUSQUE [U A5]

Mitten in der Großstadt ein Fischerhafen wie aus dem Bilderbuch. Zugang über eine Treppe gegenüber dem Orientkriegerdenkmal *(Monument aux Morts d'Orient)*. Unter dem Viadukt sind gleich drei empfehlenswerte Restaurants. Eine Institution für Fischgerichte ist *Chez Fonfon (Tel. 04 91 52 14 38 | €€€)*, neuer Stern am Gastrohimmel *L'Épuisette (Tel. 04 91 52 17 82 | €€€)*. Sehr viel einfacher die *Pizzeria Jeannot (Tel. 04 91 52 11 28 | €–€€)*.

Ein weiteres überraschendes Viertel mit Ministrand ist Malmousque. Nicht weit entfernt liegt die Bucht *Fausse-Monnaie*, in der Gérald Passédat im 1917 von seinem Großvater gegründeten Haus das beste Restaurant der Stadt betreibt: *Le Petit Nice* | Insider Tipp *Mo-Abend und So geschl. | Corniche Kennedy | Tel. 04 91 59 25 92 | www.petitnice-passedat.com | €€€*

LA VIEILLE CHARITÉ ★ [U C1–2]

In dem wunderschönen Barockbau mit einer Kapelle aus dem 17. Jh. von Pierre Puget wurde 1988 ein Kulturzentrum (Konzerte, Ballett und Theater) eingerichtet. Sehenswert sind die beiden in den Arkaden integrierten Museen für Mittelmeerarchäologie und für Kunst aus Afrika, Ozeanien und dem indischen Amerika. *2, rue de la Charité*

ESSEN & TRINKEN

COQUILLAGES TOINOU [U E2] Insider Tipp

Die Einheimischen täuschen sich nicht. Nirgendwo gibt es frischere und bessere Meeresfrüchte. Dafür gibt es kein einziges warmes Gericht, außer den Muschelvariationen in den Monaten ohne „r", also von Mai bis August. *Tgl. | 3, cours Saint-Louis | Tel. 04 91 33 14 94 | €*

UNE TABLE AU SUD [U D2]
Lionel Lévy hat sein Handwerk unter anderem bei Alain Ducasse gelernt und sein Restaurant mit Panoramablick vom ersten Stock auf den Alten Hafen zum Mekka für Feinschmecker gemacht. *So/Mo/Aug. geschl.* | *2, quai du Port* | *Tel. 04 91 90 63 53* | *www.unetableausud.com* | €€€.

LA VIRGULE [U D2]
Keine 200 m weiter, in Rathausnähe, hat Lionel Lévy eine Bistrofiliale seines Gourmet-Restaurants Une Table Au Sud mit günstigeren Preisen eröffnet. *Tgl.* | *27, rue de la Loge* | *Tel. 04 91 90 91 11* | €€).

EINKAUFEN

Die alte Prachtstraße *La Canebière* [U E–F2] hat viel von ihrem Glanz verloren. Bessere Einkaufsstraßen sind die *rue Paradis* [U E3] und die *rue Grignan* [U E3]. Schnäppchenjäger sind im Viertel *Belsunce* [U D–E1–2] gut aufgehoben. Für Bücher über die Region ist *Jeanne Laffitte* in *Les Arcenaulx* am *cours d'Estienne-d'Orves* [U D3] die erste Adresse, die klassische Kernseife aus Marseille hat *Compagnie de Provence (*[U C–D2] | *1, rue Caisserie),* für die legendären *navettes,* das harte Gebäck mit Orangenschalengeschmack, ist seit Generationen *Le Four de Navettes (*[U D3] | *136, rue Sainte)* zuständig. Wer Schokolade mag, selbst wenn sie mit Olivenöl oder gar mit Zwiebeln zubereitet ist, steht Schlange in *La Chocolaterie (*[U C2] | *4, place des Treize-Cantons).* Für die *santons,* die provenzalischen Krippenfiguren, ist im Dezember auf den *allées Gambetta* [U E–F2] ein Extramarkt eingerichtet. Frische Fische werden tgl. auf dem *quai des Belges* [U D2–3] verkauft, Lebensmittel gibt es Mo bis Sa auf dem *cours Pierre-Puget* [U D–E3–4], der *place Jean-Jaurés* [U F2], der *place du Marché-des-Capucins* [U F2] und auf der *avenue du Prado* [U F5]. Ein riesiger Flohmarkt mit nordafrikanischem Flair findet jeden Sonntagmorgen auf der *avenue du Cap-Pinède* [0] im Viertel von Arenc statt. Marseille ist außerdem Heimat für Modeschöpfer wie *Madame Zaza de Marseille (*U F3 | *73, cours Julien).*

ÜBERNACHTEN

NEW HÔTEL VIEUX PORT [U D2]
Eines der vier Häuser, die eine Marseiller Gruppe in ihrer Heimatstadt betreibt. Im Zentrum, manche der originell eingerichteten Zimmer mit Blick auf den Alten Hafen. *42 Zi.*

| 3 bis | rue Reine Élisabeth | Tel. 04 91 99 23 23 | Fax 04 91 90 76 24 | www.new-hotel.com | €€€*

PÉRON [U B4]
Direkt am Meer mit Panoramablick auf die Inseln. Die Zimmer sind etwas veraltet und kitschig, das Restaurant (€€€) ist aufwendig im Designerstil renoviert und mittlerweile in die erste Liga der südfranzösischen Küche aufgestiegen. *28 Zi. | 119, corniche Kennedy | Tel. 04 91 31 01 41 | Fax 04 91 59 42 01 | www.hotel-peron.com | €€*

STRÄNDE

Marseille hat in den letzten Jahrzehnten seine Strände herausgeputzt. Die David-Statue auf der Kreuzung der Küstenstraße mit der avenue du Prado, eine Kopie des Michelangelo-Werks, ist Anhaltspunkt für die *Plages Gaston-Defferre* [O]: über 45 ha mit Sand- und Kieselstränden, Duschen, Rasenfläche, Cafés und Restaurants sowie im Sommer Konzerten und Beachvolleyballturnieren. Empfehlenswert ist auch der Strand im Nordwesten von L'Estaque, die *Base Nautique de Corbière* [O], mit Blick auf die Bucht von Marseille.

AM ABEND

Außer Oper, Theater, Varieté und großen Popkonzerten bietet Marseille, ähnlich wie Barcelona in den Achtzigerjahren, eine *movida* der Szene. Zentren für Künstlerkneipen, Jazzclubs, Technodiskos und Rockkonzerte sind das Viertel *La Plaine* rund um den cours Julien [U F2–3], das Künstlerviertel in den ehemaligen Industriebrachen von ▶▶ *La*

Eine der vielen Zutaten des Südens gibt es auf dem Knoblauchmarkt im Viertel Belsunce

Belle de Mai [0] im Norden des Bahnhofs von Saint-Charles und der *Ilôt Thiars* [U D3] mit dem quai de Rive-Neuve direkt am Alten Hafen und seinen Diskotheken wie *Le Trolleybus (34, quai de Rive-Neuve)* oder *Club 116 (rue du Chantier)*.

AUSKUNFT

4, boulevard de la Canebière [U D-E2-3] | *Tel. 04 91 13 89 00* | *Fax 04 91 13 89 20* | *www.marseille-tourisme.com; gare Saint-Charles* [U E1] | *Tel. 04 91 50 59 18*

ZIELE IN DER UMGEBUNG

AUBAGNE [129 E4]

In der Kleinstadt (44000 Ew.) 15 km östlich wurde 1895 Marcel Pagnol (Schriftsteller und Filmregisseur) geboren. Sein *Geburtshaus (Hochsommer tgl. 9–18, sonst Di–So 9–12.30 und 14.30–17.45 Uhr | 16, cours Barthélemy | 3 Euro)* dient als Museum. Auskunft: *avenue Boyer* | *Tel. 04 42 03 49 98* | *Fax 04 42 0383 62* | *www.aubagne.com*

>LOW BUDGET

> Die *Auberge de Jeunesse La Fontasse* bei Cassis, eine der schönsten Jugendherbergen Frankreichs mit herrlichen Aussicht auf das Cap Canaille, liegt weitab der Straßen. Solarzellen und Windkraftwerk sorgen für den Strom, Regenzisternen fürs Wasser. *(60 Betten | 15 km von Marseille | vom Parkplatz 2 km zu Fuß | Absperrung öffnet sich nur nach vorheriger Reservierung | 10,50 Euro pro Nacht | Tel. 04 42 01 02 72).*

> Für ein einfaches Mittagsmahl lohnt sich der Fußweg von einer Stunde von Callelongue am äußersten Ende von Marseille bis zur Calanque de Marseilleveyre. Der belgische Eigentümer holt den Nachschub am Strand in den Calanques mit dem Boot *(Chez le Belge | im Sommer tgl., sonst nur am Wochenende).*

CALANQUES ★ [129 D-E5]

Die Felsenlandschaft zwischen Marseille und Cassis gehört zu den schönsten Naturschauspielen Frankreichs und ist ein Paradies für Kletterer und Wanderer. Nur zwei der wie Fjorde tief in den Kalk geschnittenen Buchten sind bewohnt: *Sormiou* und *Morgiou* (im Sommer sind die Zufahrtsstraßen geschlossen). Von Cassis aus fahren Ausflugsboote in die Buchten von *Port-Miou* und *En-Vau.*

CASSIS ★ [129 D5]

Die Hügel sind trotz der Weinberge, die schon seit 1936 die Herkunftsbezeichnung AOC tragen, ziemlich verbaut, aber der Hafen des 25 km südöstlich gelegenen Badeorts (8000 Ew.) ist immer noch wunderschön. Herrliche Felsenstrände zwischen der Plage du Bestouan und der Presqu'île auf dem Weg in die Calanques. Auskunft: *place Baragnon* | *Tel. 04 42 01 71 17* | *Fax 04 42 01 28 31* | *www.cassis.fr*

LA CIOTAT [129 E5-6]

Die Küstenstadt (32000 Ew.) 35 km südöstlich am Fuß des roten Felsens Bec de l'Aigle verwandelt sich nach dem Konkurs der Großwerften in einen Badeort. Hier sind die Gebrüder Lumière, die Erfinder des Kinos, geboren, hier wurde das Pétanquespiel

Die meisten Calanques erreichen Sie nur zu Fuß oder mit dem Boot

erfunden. Trotz Spielkasino bietet der Ort keinen Luxus, sondern familiäre Atmosphäre. Das gilt auch für das Hotelrestaurant *République Indépendante de Figuerolles* (Insider Tipp) *(9 Zi. und Bungalows | Tel. 04 42 08 41 71 | Fax 04 42 71 93 39 | http://figuerolles.free.fr | €–€€)* mit Restaurant *Chez Tania (tgl. | €€)* in der Calanque de Figuerolles, die über knapp 100 Treppenstufen zu Fuß oder per Boot zu erreichen ist. Auskunft: *boulevard Anatole-France | Tel. 04 42 08 61 32 | Fax 04 42 08 17 88 | www.tourisme-laciotat.com*

CORNICHE DES CRÊTES ★ [129 E5]

Eine der spekakulärsten Küstenstraßen Frankreichs: Auf den knapp 15 km zwischen Cassis und La Ciotat bietet die D 141 von ihren Felsnasen atemraubende Ausblicke auf Cassis, die Calanques, La Ciotat und das Meer. Die Route des Crêtes kann in Sommer bei starkem Wind wegen Waldbrandgefahr geschlossen sein.

CÔTE BLEUE [128 A–C3–4]

Die Küste zwischen L'Estaque und Martigues ist das Naherholungsgebiet der Großstadt. In der Felsenbucht von Niolon (Insider Tipp) gibt es das größte Tauchzentrum Europas *(Centre UCPA | Tel. 04 91 46 90 16)* und mit der *Auberge du Mérou (Niolon | Tel. 04 91 46 98 69 | €–€€)* ein sehr gutes Restaurant mit traumhaftem Blick auf die Bucht von Marseille und fünf kleinen Zimmern (€), die wie Schiffskojen eingerichtet sind.

Von Niolon führt ein Küstenwanderpfad in die ebenfalls sehr schöne *Bucht von Méjean. Martigues* am Ausgang des von Raffinerien umgebenen Brackwassersees Étang de Berre hat eine hübsche Altstadt mit Kanälen, *Sausset-les-Pins* entwickelt sich zum attraktiven Badeort. Die Industriestädte *Port-de-Bouc* und *Fos* sind für ihre beliebten *sardinades* im Juli und August bekannt, wenn jeden Abend am Meer frisch gegrillte Sardinen verkauft werden.

> SCHÖNE DÖRFER UND KÖSTLICHE TROPFEN

Zu Fuß durch Steinbrüche und die Calanques, mit dem Auto zu den schönsten Weingütern

Die Touren sind auf dem hinteren Umschlag und im Reiseatlas grün markiert

1 ALTE STEINE UND KRÄFTIGE FARBEN IM LUBERON

Auf dieser ca. 115 km langen Fahrt, die Sie für Spaziergänge in den Dörfern und Steinbrüchen unterbrechen können, lernen Sie einige Perlen des Naturparks Luberon kennen. Sie sollten sich mindestens einen, besser zwei Tage Zeit nehmen. Informationen (auch auf Deutsch) über die Tour erhalten Sie beim Comité Départemental du Tourisme du Vaucluse (S. 107) und in der Maison du Parc du Luberon (S. 50) in Apt.

Apt *(S. 50)* ist mit seinen Herbergen und Restaurants ein idealer Ausgangspunkt. Über die D 48 geht es nach **Saignon**, ein wunderschönes Dorf hoch auf einem Felsen, das mit herrlicher Aussicht auf den Mont Ventoux zu einem ersten Spaziergang einlädt. Von dort geht es auf der D 232 über die Hochebene **Les Claparèdes** mit ihren Trüffelwäldern und

Bild: Luberon, Bonnieux

AUSFLÜGE & TOUREN

Lavendelfeldern nach **Bonnieux** *(Auskunft: place Carnot | Tel. 04 90 75 91 90, www.tourisme-en-luberon.com)*, das mit seinen Gassen und Aussichtspunkten einen zweiten Spaziergang lohnt.

Starkoch Edouard Loubet ist von Lourmarin hier hinauf gezogen und hat die *Bastide de Capelongue (Mitte März–Nov. tgl. | Tel. 04 90 75 89 78 | www.capelongue.com | €€€)* zum Gourmettempel mit 20 Luxuszimmern ausgebaut. Wesentlich einfacher geht es im *Restaurant de la Gare (Mo und außer Fr/Sa abends geschl. | place de la Gare | Tel. 04 90 75 82 00 | €)* zu, das gut 4 km weiter unten im Tal an der D 36 liegt. Sie können aber noch ein paar Kilometer weiter fahren, die Nationalstraße 100 überqueren und in **Goult** im *Café de la Poste (abends geschl. | place de la Libération | Tel. 04 90 72 23 23 | €)* Pause machen.

Liebhaber von alten Steinhäusern kommen in dem Dorf unterhalb des alten Schlosses (nicht zu besichtigen) auf ihre Kosten, wie die ländliche Provence früher ausgesehen hat, ist an den mörtellosen Trockenmauern des *Conservatoire des Terrasses (erreichbar über einen Weg von der Kirche aus | Eintritt frei)* zu sehen.

Bekannter als Goult ist **Lacoste** 5 km südlich der N 100 mit der Ruine jenes Schlosses, das im 18. Jh. der Marquis de Sade mit seinen Orgien berühmt gemacht hat. Das *Château* mit herrlicher Aussicht auf Bonnieux wird seit Jahren von Modeschöpfer Pierre Cardin renoviert. Im Sommer ist es Schauplatz für ein Festival klassischer Musik.

Von Lacoste mit seinen steilen Gassen und schönen Gärten geht es über die D 109 nach Westen in Richtung Ménerbes. Ein Abstecher lohnt sich zur Insider Tipp *Abtei von Saint-Hilaire (Prieuré de Saint-Hilaire | im Sommer tgl. 10–19 Uhr | Eintritt frei)* mit einer romanischen Kapelle, einem Kreuzgang und einem Rosengarten.

Nach der Stille im ehemaligen Karmeliterkloster wirkt die frühere Bastion der Hugenotten, *Ménerbes,* quicklebendig. Das Festungsdorf, eine Zeit lang Domizil des britischen Schriftstellers Peter Mayle und deswegen ein Ziel für Touristenbusse, hat Charme. In der *Maison de la Truffe et du Vin (Sommer tgl., sonst Do–Sa 10–13 und 15–19 Uhr | place de l'Horloge | Eintritt frei | www.vin-truffe-luberon.com)* gibt es Kunstausstellungen und einen empfehlenswerten Weinkeller mit Produkten der Winzer im Luberon. Wer noch Zeit und Muße hat, kann auf der Rückfahrt nach Apt einen Schlenker über **Gordes** *(S. 51)* und **Roussillon** *(S. 52)* machen.

Roussillon hat sicher die spektakulärsten Ockersteinbrüche des Luberon, aber auch der etwas pompös als *Colorado Provençale* apostrophierte Ockerbruch von Rustrel ist

Die Herstellung von Lavendelöl erlebt im Luberon eine Renaissance

mehr als nur ein Geheimtipp. Nehmen Sie von Apt aus die RN 100 bis zur Abzweigung nach Saint-Martin-de-Castillon, und fahren Sie dann auf der D 190 nach **Viens**. Das Dorf ist fast so schön wie Gordes, aber noch lange nicht so überlaufen. Es eignet sich auch als Ausgangspunkt für Wanderungen zu den *bories*, den Trockensteinhäusern auf der Ebene von Caseneuve, oder zu den Schluchten von Oppedette.

Über die D 33 und D 112 führt die Fahrt nach **Rustrel**. Im Schloss aus dem 17. Jh. ist außer dem Rathaus eine Unterkunft für Wanderer *(Gîte d'Étape le Château | Tel. 04 90 04 96 77 | €)* eingerichtet. Der Landgasthof *Auberge de Rustreou (Mo geschl. | 3, place de la Fête | Tel. 04 90 04 90 90 | €)* bietet neben sieben einfachen Zimmern gute provenzalische Küche. Vom Parkplatz rund 1,5 km südlich des Dorfs führen Wanderwege durch die Ockerbrüche mit ihren leuchtenden Farben, den Felsformationen, die wie riesige, farbige Schornsteine (*cheminées de fées*, „Feenkamine") aussehen, und den Hügeln aus dem eisenhaltigen Material, die an eine Sandwüste *(sahara)* erinnern.

2 ZU FUSS DURCH DIE CALANQUES VON MARSEILLE

Natur pur am Rande der Großstadt, weiße Felsen stürzen ins blaue Meer: Die Calanques zwischen Marseille und Cassis sind ein paradiesisches Labyrinth für Wanderer, die Schwindelgefühl nicht kennen. Einen ersten Einblick in diese faszinierende Landschaft gibt die rund vierstündige Wanderung.

Kurze Pause in Gordes, dann geht's weiter

Das klassische Tor für eine Entdeckungsreise in den Calanques öffnet sich bei der Universität von Luminy am südöstlichen Rand von Marseille. Der knapp 3 km lange Lehrpfad hinunter zur **Bucht von Sugiton** zeigt, dass die Calanques alles andere als eine Steinwüste sind. Schon auf den ersten Metern des breiten, nach den verheerenden Bränden von 1990 angelegten Weges lässt die Sonne Rosmarinsträucher und Thymianbüsche intensiv duften. Mit dem herrlichen Baumwuchs ist es erst auf dem 217 m hohen Pass von Sugiton vorbei. Nur Büsche überleben hier noch in den Kalkfelsen.

Tief unten blinkt das Meer. Eine atemraubende Aussicht bietet die Plattform auf dem Berggrat von Insider Tipp

Saint-Michel. Der Wanderpfad mit der Nummer GR 98 in Richtung Cassis, vorbei an den Ruinen einer alten Schäferhütte, führt hinunter zur Bucht. Sugiton wird von einer kleinen Felseninsel dominiert, die wie ein Stein gewordenes U-Boot aussieht.

Auf dem Weg nach Westen liegt **Morgiou**, eine der beiden bewohnten Calanques. Für die Menschen in Marseille ist schon der Name ein Traum – ein natürlicher Hafen, ein paar Dutzend einfache Häuser, die *cabanons*. Das provenzalische Wort für Hütte steht für eine ganze Lebensart. Einen Hauch von diesem mediterranen Lebensgefühl können Sie schnuppern in der *Nautic Bar (Tel. 04 91 40 06 37 | €–€€)*, einem Caférestaurant mit frischen Fischgerichten, das ganzjährig geöffnet ist.

Auskunft über Wanderwege und Kletterfelsen in den Calanques sowie über eventuelle Sperrungen wegen Waldbrandgefahr beim Office de Tourisme in **Marseille** *(S. 88)*.

3 WEINGÜTER RUND UM AIX-EN-PROVENCE

Guter Wein spricht alle Sinne an. Die Winzer rund um Aix verkaufen ihren Rebensaft direkt auf den Gütern, die oft architektonische Schmuckstücke sind. Diese insgesamt knapp 150 km lange Tour sollten Sie auf zwei Tage verteilen, um genügend Zeit für Weinproben zu haben.

Die Fahrt beginnt in **Aix-en-Provence** *(S. 63)* und führt in Richtung Berre auf der Weinstraße *(Route des Vins | www.coteauxaixenprovence.com)* in den Westen. Noch im Stadtgebiet liegt das *Château de la Bougerelle (Nicolas Granier | 1360, route de Berre | Tel. 04 42 20 18 95 | http://chateaulabougerelle.free.fr)* mit stattlichem Herrensitz und Garten aus dem 18. Jh., und nur ein paar Hundert Meter weiter bietet die *Coopérative Vinicole des Granettes (Tel. 04 42 20 19 88)* preiswerte Weine an.

Im Dorf **Coudoux** – 17 km westlich von Aix an der D 19 – liegt die Messlatte in der *Domaine Saint-Hilaire (Yves Lapierre | 13, chemin de la Croix | Tel. 04 42 52 02 40)* schon höher; die rote Spitzencuvée steht auf der Karte von guten Restaurants. Die Fahrt auf der D 67E von Coudoux hinauf in Richtung Lambesc bietet schöne Aussichten auf den Étang de Berre und das Sainte-Victoire-Gebirge. Im Weiler Les Quatre Termes geht es rechts auf die D 17 Richtung Eguilles. Minna und Jean-Paul Luc haben den alten Hof der Eltern umgebaut und keltern in *Villa Minna Wineyard (Roque-Pessade | Saint-Cannat | Tel. 04 42 57 23 19 | www.vmv13.com)* Insider Tipp 3 km nach der Kreuzung erlesene, sorgfältig ausgebaute Rotweine und seit 2006 auch einen fruchtigen Weißen.

Ebenfalls von der Winzergenossenschaft losgesagt haben sich 3 km weiter David Ravel und Frédéric Appenzeller, die jetzt mit der *Domaine Fredavelle (route de Pélissanne | Eguilles | Tel. 04 42 92 38 29)* auf das eigene Etikett setzen. Ein Abstecher über die D 18 zur *Domaine de la Camaïssette (Michelle Nasles | Eguilles | Tel. 04 42 92 57 55 | www.camaissette.fr)* mit preiswerten, guten Tropfen in allen drei Farben lohnt. Bevor Sie nach Aix zurückfahren, machen Sie noch einen Schlenker (knapp 10 km) über die D 543 Richtung Rognes und genießen die Architektur und die Weine von *Château du Seuil (Carreau-Gaschereau | Puyricard | Tel. 04 42 92 15 99 | www.chateauduseuil.fr)*.

Am zweiten Tag fahren Sie von Aix auf der A 51 nach Norden bis zur Ausfahrt Meyrargues, am imposanten Schloss vorbei über die N 96 und D 561 nach Jouques. Im Osten des Dorfs zweigt von der D 561 ein Feldweg zum *Château Revelette (Tel. 04 42 63 75 43 | www.revelette.fr)* ab. Der Winzer Peter Fischer aus Baden ist stolz darauf, dass seine Landweine im Dorf ausgeschenkt werden, aber er produziert auch rote und weiße Spitzenweine und gehört zu den Motoren des Winzervereins Aix en Vignes *(www.aixenvignes.com)*.

Über Rians und die D 23 geht es nach Puyloubier auf die Südseite des Sainte-Victoire-Gebirges. An der D 57 produziert die deutsche Familie Hoesch ihre teuren, aber hervorragenden Weine im Bioanbau auf einem Hof, der schon zu Römerzeiten existiert hat *(★ Domaine Richeaume | Tel. 04 42 66 31 27)*. Damit stellen sich die Winzer in die Tradition der Familie Rougier, die – nun sind Sie schon auf der Rückfahrt nach Aix – seit Generationen unweit der N 7 in der Miniappellation Palette auf dem traumhaft schönen Gut *Château Simone (Tel. 04 42 66 92 58 | www.chateau-simone.fr)* kostbare Tropfen keltert.

Zum träumen: die Calanque Morgiou vor den Toren Marseilles

EIN TAG IN DER PROVENCE

Action pur und einmalige Erlebnisse.
Gehen Sie auf Tour mit unserem Szene-Scout

STIMMUNGSVOLL

8:00

Auf der Terrasse der *Auberge Bon Accueil* Platz nehmen und eine Tasse Café au Lait und ein Croissant bestellen. Während man das kleine Frühstück genießt, die Stimmung der nahen Gorges du Verdon mit ihren rauen Felsen und dunkelblauen Flüssen aufsaugen. **WO?** *Place Marcel Sauvaire | Castellane | Tel. 04 92 83 62 01 | www.auberge-du-bon-accueil.com*

9:30

ACTION IM WASSER

Nun heißt es Mut beweisen, denn das Wasser des Verdon ist alles andere als ruhig. Das Schlauchboot wartet schon. Helm auf, Schwimmweste an und dem Guide des *Castellane Rafting Team* vertrauen. Wenn das Boot durch die Stromschnellen jagt, vergisst man die Zeit. **WO?** *Treffpunkt und Anmeldung unter Tel. 04 92 83 76 11 | Kosten: 33 Euro für 1,5 Stunden | www.rafting-castellane.com*

DAS AUGE ISST MIT

13:30

Hunger? Dann nichts wie ab an den Lac de Sainte-Croix. Der riesige See ist berühmt für seine türkis schillernde Farbe. Im Restaurant *Les Arcades* auf der Terrasse der Seeseite Platz nehmen und den Salat mit warmem Ziegenkäse oder Fisch bestellen. Köstlich! **WO?** *Les Salles sur Verdon | Tel. 04 94 70 20 26*

16:00

MÄRCHENSTUNDE

Rein ins Auto und nach Cassis düsen, denn dort lautet das Motto „Cassis anders erleben". Der provenzalische Schriftsteller Jean-Pierre Cassely – auch Märchenerzähler der Straße genannt – organisiert witzige Spaziergänge durch die Gassen von Cassis und erzählt die geheime Geschichte des Dorfes. **WO?** *Treffpunkt: Office du tourisme | quai des Moulins | Anmeldung unter Tel. 06 79 97 73 39 | Kosten: 8 Euro | www.provence-insolite.org*

24 h

AUF CÉZANNES SPUREN

18:00

Die Landschaft der Provence regte schon Künstler wie Cézanne zu Höchstleistungen an. Nun kann man seiner eigenen Kreativität freien Lauf lassen. Beim Malworkshop mit der Künstlerin Fabienne Butin heißt es, keine Angst vor Farben haben und die Eindrücke einfach auf Leinwand bannen. **WO?** *Atelier Fabienne Butin | Association l'Art et la Manière | Les Hauts cépages | Cassis | Anmeldung unter Tel. 04 42 01 80 04 | Kosten: 20 Euro/h | www.peindreacassis.com*

19:00

APERITIF AN BORD

Vor dem Abendessen ist Zeit für einen Aperitif an Bord eines Schiffs. Zum Drink servieren die Guides von *Balad'ou* auch noch jede Menge Geschichten rund um den Marseiller Hafen. Gemütlich tuckert man z. B. in die traditionsreiche Hafengegend von Vallon des Auffes, wo das Ambiente von Marseille als ursprünglichen Fischerort zum Leben erweckt wird! **WO?** *Icard Maritime, Marseille Côté Mer | 1, quai Marcel Pagnol | Tel. 04 91 33 03 29 | Kosten: 10 Euro | www.visite-des-calanques.com*

FRISCHER FISCH

20:30

Der Abend beginnt mit einem traumhaften Dinner im *Restaurant l'Abri Cotîé*. Die mediterranen Gerichte, die der Küchenchef auf die Teller zaubert, sind mehr als lecker. Tipp für Fischliebhaber: Unbedingt die Meerespyramide probieren. **WO?** *1, boulevard des Baigneurs | Marseille | Tel. 04 91 72 27 29 | www.restaurant-abricotie.com*

22:00

PARTYTIME IM LE TRENDY

Le Trendy ist die wohl durchgestylteste Diskothek von Marseille und zieht jede Nacht ein exklusives Partyvolk in seinen Bann. Ab 22 Uhr verwandelt sich das Bar-Restaurant in einen Club mit Tanzfläche, wo zwischen Videokunst auf Plasmabildschirmen und Loungeecken zu House, Rock und Salsa getanzt wird. **WO?** *75, rue Sainte | Tel. 04 91 33 11 63 | www.letrendy.com*

> ZWISCHEN HIMMEL UND MEER

Kletterwände in Schluchten und auf Felsnadeln, auf dem Pferd zwischen Flamingos – in der Provence ist fast alles möglich

> Reißende Flüsse wie der Verdon, die Berge mit schroffen Felsen, das Meer und seine Inseln, tiefe Schluchten: Die Provence ist ein Paradies für alle denkbaren Sportarten und Freizeitaktivitäten.

Es gibt hier fast nichts, was es nicht gibt. Amateure und Profis, Extremsportler und gemütliche Wanderer, Menschen, die allein in der Natur zufrieden und glücklich sind – alle kommen mit der Vielfalt in dem Landstrich auf ihre Kosten.

Bild: Verdon, Lac de Sainte-Croix

GOLF

Es gibt rund ein Dutzend Golfplätze in der Provence, die das ganze Jahr über geöffnet haben. Die Palette reicht vom einzigen öffentlichen Golfplatz von *Miramas (Mas de Combe | Tel. 04 90 58 56 55 | www.planetgolf.fr)* über den schon 1935 gebauten, inzwischen umstrukturierten *Golf Club Aix-Marseille (Domaine Riquetti | Les Milles | Tel. 04 42 24 20 41 | www.golfaixmar*

SPORT & AKTIVITÄTEN

seille.com) und die von Severiano Ballesteros entworfene Anlage *Pont Royal Golf Club (Mallemort | Tel. 04 90 57 40 79 | www.golfpontroyal.com)* bis zum *Golf de Servanes (Mouriès | Tel. 04 90 47 59 95 | www.opengolfclub.com/gsv)* in den Alpilles und dem *Golf de la Valdaine* in der Drôme Provençale *(Château du Monard | Montboucher-sur-Jabron | Tel. 04 75 00 71 33 | www.domainedelavaldaine.com)*.

KANU & KAJAK

Einige der schönsten Reviere Frankreichs für Kanu- und Kajakfahrer liegen in der und rund um die Provence. Für Sportler reizvoll ist in erster Linie die Verdonschlucht. Auskunft über Tretboot- und Kanuverleih: *MYC Plage (Mai–Sept. | plage du Galetas | Aiguines | Tel. 04 94 70 22 28); La Cadeno (ganzjährig | Club Nautique Saint-Saturnin | Moustiers-Sainte-Marie | Tel.*

04 92 74 60 85 | http://lacadeno.free.fr). Ebenfalls eher für erfahrene Wassersportler geeignet sind die Schluchten der Ardèche. In der Hochsaison unbedingt reservieren! Auskunft: *Comité Départemental du Tourisme | 4, cours du Palais | Privas | Tel. 04 75 64 04 66 | Fax 04 75 64 23 93 | www.ardeche-guide.com; Office du Tourisme Vallon-Pont-d'Arc | 1, place de l'Ancienne Gare | Tel. 04 75 88 04 01 | www.vallon-pont-darc.com.* Weniger anspruchsvoll und für Familien geeignet sind die Strecken auf dem Gardon im Département Gard (z.B. *Canoë Le Tourbillon | Collias | Tel. 04 66 22 85 54 | Fax 04 66 22 84 87*).

KLETTERN

Für Extremkletterer in Europa sind die *Schluchten des Verdon* das Maß aller Dinge. Knapp 1000 Strecken aller Schwierigkeitsgrade sind in den Kalkfelsen hoch über dem Fluss eingerichtet. Kultstatus hat die *Falaise de l'Escalès,* eine 300 m hohe, senkrechte Wand ohne einen einzigen Felsvorsprung zum Ausruhen. Für Anfänger wie für Fortgeschrittene bieten sich die Felsen in der *Montagne Sainte-Victoire* bei Aix, im *Tal des Aiguebrun* bei Buoux im Luberon, in den *Dentelles de Montmirail* und die Kletterwände zwischen Himmel und Meer in den *Calanques* an.

Insider Tipp

RADFAHREN

Für Fahrradfahrer ist der *Mont Ventoux* mit seiner kahlen, 1909 m hohen Kuppe natürlich die größte Herausforderung. Im Sommer strampeln jeden Tag Hunderte von Amateuren auf den Serpentinen zum Gipfel, vorbei am Denkmal für Tom Simpson, der voll gepumpt mit Dopingmitteln auf einer Tour-de-France-Etappe am Ventoux starb. Gemütlicher ist dagegen die auf 236 km ausgeschilderte Radwanderstrecke durch den Luberon von Cavaillon über Apt, Forcalquier, Manosque und Lourmarin auf sicheren Wegen und mit günstigen Unterkünften, die auch Zweiräder vermieten (Auskunft: *Vélo Loisir en Luberon | 13, boulevard des Martyrs | Forcalquier | Tel. 04 90 76 48 35 | www.veloloisirluberon.com*), oder der 37-km-Rundkurs um Valréas im Norden. Und topfeben präsentiert sich das dichte Netz kleiner und kleinster Sträßchen in der Camargue.

Insider Tipp

REITEN

Weiße Pferde im blauen Wasser neben rosa Flamingos – der Traum für alle Reiter ist die *Camargue,* das Sumpfland an der Rhônemündung. In den Sommerferien jedoch ist die Camargue zu überlaufen, und manchmal ist die erhoffte *promenade à cheval* nur ein kurzer Ritt auf einem lahmen Gaul rund um einen ausgetrockneten Teich. Seriöse Reitausflüge organisiert die *Domaine de Méjanes (RD 37 | Tel. 04 90 97 10 62 | www.mejanes.camargue.fr).*

SEGELN

Marseille ist spätestens seit der Milleniumtour „The Race“ als Ziel für große Regatten ein Begriff. Im Département Bouches-du-Rhône gibt es rund 20 Häfen mit fast 13 000 Anlegeplätzen für Boote. Für Segeltouren ist Marseille beliebt vor allem wegen seiner vorgelagerten Inseln wie

Für Extremkletterer sind die Verdonschluchten das Maß aller Dinge

Frioul, Château d'If, aber auch *Le Planier* und der Nähe zu den *Calanques.* Von dieser Nähe des Felsenparadieses profitieren auch die kleineren Häfen von *Cassis* und *La Ciotat,* die zusammen knapp 2500 Ankerplätze bieten.

TAUCHEN

Vor allem die Felsenküste um und die Inseln vor Marseille mit ihrem klaren Wasser bieten Tauchern optimale Bedingungen. In der Mittelmeermetropole gibt es ein Dutzend Tauchclubs, die mit ihren Booten Ziele wie die Frioulinseln oder das Riouarchipel in den Calanques ansteuern, z. B. *Marseille Côté Mer (1, quai Marcel Pagnol | Tel. 04 91 33 03 29).* Vor den Inseln liegen in einer auch für geübte Amateure erreichbaren Tiefe Schiffswracks, die zum Teil schon vor 2000 Jahren gesunken sind. In der La-Mugel-Bucht von La Ciotat ist sogar ein richtiger Unterwasserpark angelegt. Auskunft: *Fédération française d'études et de sports sous-marins | 24, quai de Rive-Neuve | Marseille | Tel. 04 91 33 99 31 | www.ffessm.com*

WANDERN

Die Provence wartet mit der Vielfalt ihrer Landschaften auf Menschen, die sie zu Fuß erobern wollen. Zu den Klassikern gehören die *Dentelles de Montmirail,* hoch aufgerichtete Kalksteinplatten, die Wind und Wetter durchlöchert und zugespitzt haben. In Sichtweite liegt der letzte Schrei für Abenteuerwanderer: Im Juli und August organisieren die Verkehrsämter in *Malaucène (place de la Mairie | Tel. 04 90 65 22 59)* und *Bédoin (place du Marché | Tel. 04 90 65 63 95)* eine Nachtwanderung mit Biwak auf den Mont Ventoux. Insider Tipp Wunderschöne Wanderwege, teils mit spektakulären Aussichten, erwarten Sie in den Bergmassiven von *Luberon, Sainte-Baume, Sainte-Victoire* sowie in den *Calanques* von Marseille und auf den Felsen der *Corniche des Crêtes* zwischen Cassis und La Ciotat. Auskunft: *Fédération française de randonnée pédestre | Tel. 01 44 89 93 90 | www.ffrandonnee.fr*

> WASSERPARKS UND WESTERNDÖRFER

Neben solchen klassischen Attraktionen lockt die Provence mit Badeseen, Krokodilen und Miniaturwelten

> Für Kinder ist das Mittelmeer eine einzige große Spielwiese. Abenteuerparks, zoologische Gärten und Museen machen die Ferien im Süden auch dann interessant, wenn es einmal regnen sollte.
Nicht nur an der Küste, sondern auch im Hinterland richtet man sich auf die kleinen Kunden ein: Wassersport in Flüssen oder Seen macht dem Nachwuchs Spaß.

Generell ist Frankreich als Reiseziel für Touristen mit Kindern problemlos. Die Kleinen sind in Restaurants herzlich willkommen und erhalten dort besondere Kindermenüs. Wickeltische sind in fast jeder Autobahnraststätte zu finden.

DER NORDEN

LA FERME AUX CROCODILES [118 A3]

Die Kleinstadt Pierrelatte auf halbem Weg zwischen Orange und Montélimar hat ihrem Atomkraftwerk an der Rhône die größte Krokodilfarm in

MIT KINDERN REISEN

Europa zu verdanken. In einem 6500 m² großen tropischen Gewächshaus leben 350 Reptilien. *Les Blachettes | März–Sept. tgl. 9.30–19, Okt.–Feb. 9.30–17 Uhr | 11 Euro, Kinder 7 Euro | www.lafermeauxcrocodiles.com*

MUSÉE DE LA MINIATURE [118 A–B1–2]
In diesem Museum in Montélimar ist alles in Miniatur, Häuser, Spielzeug, Eisenbahnen etc. – angefertigt von Spezialisten für Miniobjekte aus der ganzen Welt. *Juli/Aug. tgl. 10–18, Sept.–Dez. und Feb.–Juni Mi–So 14–18 Uhr | 19, rue Pierre Julien | 4,90 Euro, Kinder 3,35 Euro*

VILLAGE PROVENÇAL EN MINIATURE [118 C3]
Ein provenzalisches Dorf in Miniaturausgabe mit 80 Häusern und mehr als 1000 Figuren und Tieren. Mit Licht-und-Ton-Schau. *La Petite Tuil-*

lère | Mitte Juli–Aug. tgl. 10–19, Sept.–Mitte Juli Mi–Mo 10–12 und 14–18 Uhr | Grignan | 5,20 Euro, Kinder 3,60 Euro | www.village-miniature.com

Schick in Schale geworfen – traditionelle Trachten in der südlichen Provence

DIE MITTE

GROTTE DE THOUZON [121 F3]

Eindrucksvolle Tropfsteine in der einzigen Höhle des Départements, die für die Öffentlichkeit zugänglich ist. *Le Thor | April–Nov. tgl. 14–17 Uhr | an der D 16 | 6,80 Euro, Kinder 4,50 Euro | www.grottes-thouzon.com*

BADESEEN

Die schönsten Seen im Vaucluse sind der *Étang de la Bonde* [123 D4] bei Cabrières d'Aigues, der *Lac du Paty* [122 A1] bei Caromb (mit einer Imbissbude ab April), der *Plan d'eau des Salettes* [122 B1] bei Mormoiron mit Blick auf den Mont Ventoux und *Prato Plage* [122 A2] in Pernes-les-Fontaines. In der Hochprovence ist der Stausee *Lac de Sainte-Croix* [124–125 C–D4–5] erste Wahl für Familien.

CIRQUE NATIONAL ALEXIS GRUSS [118 B5]

Insider Tip

Jedes Jahr schlägt der Zirkus Alexis Gruss im Dorf Piolenc unweit von Orange sein Sommerquartier auf. Ein großer Park mit Reitwegen, Spiel- und Picknickplätzen gibt Einblicke in das Leben einer Zirkusfamilie. *April–Sept. Di–So 10–18 Uhr, Vorstellungen Sa/So 17 Uhr, Juli/Aug. Sa 21.30, So 17 Uhr | N 7 | Piolenc | 24 Euro, Kinder 18 Euro | www.alexis-gruss.com*

SENTIER DES OCRES [122 C3]

Weiße Turnschuhe sind nicht gerade empfehlenswert für einen Spaziergang auf dem Ockerlehrpfad in Roussillon, der bei Regen verständlicherweise geschlossen wird. Die Farbenpracht in einer Landschaft wie im Western begeistert auch Kinder. *März–Okt. tgl. 10–18 (Hochsommer bis 19), Nov.–Feb. Sa/So 13–17 Uhr, bei Regen geschl. | Roussillon, Ausgangspunkt am Friedhof gegenüber der Place Pasquier | 2,50 Euro*

DER SÜDEN

OK CORRAL [129 F4–5]

Dieses Westerndorf mit Indianerzelten und vielen Spielmöglichkeiten liegt unweit der Rennstrecke von Le Castellet im Süden des Sainte-Baume-Massivs an der N 8. *Mitte März–Mitte Nov. tgl. 10–18 Uhr |*

Cuges-les-Pins | 17,50 Euro, Kinder 15,20 Euro | www.okcorral.fr

PARC ORNITHOLOGIQUE DU PONT-DE-GAU [126 B5]

Lehrpfad und Dokumentationszentrum im Vogelparadies der Camargue. Auf 1 ha sind große Volieren mit den scheuen Vögeln mitten in die Natur hineingebaut. Mehrere Kilometer ausgeschilderte Spazierwege ermöglichen die Beobachtung der Tiere in freier Natur. *April–Okt. tgl. 9, Winter 10 Uhr bis Sonnenuntergang | N 570 | 7 Euro, Kinder 4 Euro | www.parcornithologique.com*

LE VILLAGE DES AUTOMATES [122 C6]

500 zum Teil übergroße, bewegliche Puppen zu Themen wie Gulliver, Schneewittchen etc. in einem Park an der N 7. *Sommer tgl., Winter Mi, Sa, So 10–18 Uhr | Saint-Cannat | 10 Euro, Kinder 7 Euro | www.parcs-de-loisirs-provence.com*

ZOO DE LA BARBEN [122 B6]

Über 600 Tiere – u.a. Affen, Giraffen, Tiger, Elefanten, Raubvögel – leben in diesem großen Park rund um das Château de la Barben, ein Lustschloss aus dem 17. Jh. *(Führung Mi–Mo 10–12 und 14–18 Uhr | 6 Euro).* Im ehemaligen Schafstall ist heute ein Vivarium mit Reptilien und Fischen untergebracht. *tgl. 10–18 Uhr | D 572 zwischen Salon und Saint-Cannat | 13 Euro, Kinder 7 Euro | www.zoolabarben.com*

MARSEILLE

AQUACITY [128 C3]

5 ha Wasserspiele mit Riesenrutschen und verschiedenen Themenbecken. *Juni und Sept. tgl. 10–18, Juli/Aug. 10–19 Uhr | route de Plan-de-Campagne | Septèmes-les-Vallons | 19 Euro, Kinder bis 1,20 m Größe 9 Euro | www.aquacity.fr*

PARC DU MUGEL [129 E5] Insider Tipp

Ein kleiner, windgeschützter Strand, ein großer Park mit Spielplätzen, Schatten spendenden Bäumen, und Spazierwegen. *Tgl. 10–20, im Winter 9–18 Uhr | Calanque du Mugel, am Hafen von La Ciotat | Eintritt frei*

Der Ockerlehrpfad in Roussillon – eine Landschaft wie im wilden Westen

> VON ANREISE BIS ZOLL

Urlaub von Anfang bis Ende: die wichtigsten Adressen und Informationen für Ihre Provencereise

ANREISE

AUTO

Von Deutschland aus erreicht man die Provence am schnellsten über die A 36, A 39, A 42, A 46 und A 7 (Mulhouse–Besançon–Bourg-en-Bresse–Ostumfahrung Lyon–Valence) oder durch die Schweiz über Zürich–Lausanne–Genf–Lyon. Empfehlenswert, aber teuer sind Autoreisezüge, die im Sommer von mehreren deutschen Städten nach Avignon fahren *(www.dbautozug.de)*.

BAHN

Der TGV *(Train à Grande Vitesse)* braucht von Paris nach Marseille nur drei Stunden. Bahnhöfe in der Provence: Avignon, Aix-en-Provence und Marseille. *www.sncf.com*

FLUGZEUG

Avignon *(www.avignon.aeroport.fr)* wickelt hauptsächlich innerfranzösische Flüge ab, der Flughafen von Marseille *(www.marseille.aeroport.fr)*, auch internationale Verbindungen. Er fungiert daneben als Drehkreuz für Billigairlines *(www.mp2.aeroport.fr)* und ist von Aix-en-Provence schnell zu erreichen. Von dort gibt es Busverbindungen in die größeren Städte wie Aix, Avignon oder Arles. Taxifahrten sind sehr teuer (50 Euro vom Flughafen nach Marseille).

PRAKTISCHE HINWEISE

AUSKUNFT

FRANZÖSISCHES FREMDENVERKEHRSAMT (MAISON DE LA FRANCE)

– Postfach 10 01 28 | 60001 Frankfurt | Tel. 0190/57 00 25 | Fax 59 90 61 | www.franceguide.com
– Argentinierstr. 41 a | 1040 Wien | Tel. 0900/25 00 15 | Fax 01/503 28 71
– Löwenstr. 49 | 8023 Zürich | Tel. 09 00 90 06 99 | Fax 01/217 46 17

COMITÉ RÉGIONAL DU TOURISME PROVENCE-ALPES-CÔTE D'AZUR

Les Docks | Atrium 10.5 | 10, place de la Joliette | BP 46214 | 13567 Marseille Cedex 02 | Tel. 04 91 56 47 00 | Fax 04 91 56 47 01 | www.decouverte-paca.fr

COMITÉ DÉPARTEMENTAL DU TOURISME DE LA DRÔME

8, rue Baudin | 26000 Valence | Tel. 04 75 82 19 26 | Fax 04 75 56 01 65 | www.ladrometourisme.com

COMITÉ DÉPARTEMENTAL DU TOURISME DU VAUCLUSE

12, rue du Collège-de-la-Croix | 84008 Avignon Cedex 1 | Tel. 04 90 80 47 00 | Fax 04 90 86 86 08 | www.provenceguide.com

COMITÉ DÉPARTEMENTAL DU TOURISME DES BOUCHES-DU-RHÔNE

13, rue Roux-de-Brignoles | 13006 Marseille | Tel. 04 91 13 84 13 | Fax 04 91 33 01 82 | www.visitprovence.com

COMITÉ DÉPARTEMENTAL DU TOURISME DES ALPES-DE-HAUTE-PROVENCE

19, rue du Docteur Honnorat | BP 170 | 04005 Digne-les-Bains | Tel. 04 92 31 57 29 | Fax 04 92 32 24 94 | www.alpes-haute-provence.com

AUTO

Höchstgeschwindigkeit: auf der Autobahn 130, bei Regen 110 km/h, auf National- und Départementalstraßen (N, D) 90, bei Regen 80 km/h, in Ortschaften 50 km/h. Die Kontrollen sind sehr streng, überall sind feste Radaranlagen installiert, und schon bei geringen Tempoüberschreitungen werden hohe Geldbußen verhängt. Promillegrenze: 0,5. Die Autobahnen kosten Maut *(péage)*. Pannenhilfe: Abschleppen *(dépanneur-remorqueur)* wird von der Polizei vermittelt, Notrufsäule oder Rufnummer *17*. Verkehrsunfall: Die Polizei muss nur bei Personenschaden eingreifen. Unbedingt die grüne Versicherungskarte mitnehmen!

BRANDSCHUTZ

Es gibt drastische Sicherheitsvorschriften zum Brandschutz in der Provence. Von Anfang Juli bis Mitte September ist der Zugang zu gefährdeten Gebieten wie der Montagne Sainte-Victoire bei Aix-en-Provence, den Calanques zwischen Marseille und Cassis oder den Alpilles stark eingeschränkt. Die Hauptwege dürfen nur morgens 6–11 Uhr benutzt werden, bei starkem Wind und Trockenheit wird der Zugang ganz verboten. Aktuelle Infos gibt es im Internet unter der Adresse *www.bouches-du-rhone.fr* für ein halbes Dutzend der gefährdeten Zonen.

CAMPING

Es gibt ein riesiges Angebot an Campingmöglichkeiten in allen Preislagen. Den regionalen Campingführer erhalten Sie beim entsprechenden Comité Régional de Tourisme (siehe Auskunft) oder in den Verkehrsämtern der einzelnen Orte. Einen „Guide Officiel Camping Caravaning" hat die Groupe Motor Presse France *(www.campingfrance.com)* herausgegeben.

DIPLOMATISCHE VERTRETUNGEN

DEUTSCHES KONSULAT

338, avenue du Prado | Marseille | Tel. 04 91 16 75 20

ÖSTERREICHISCHES KONSULAT

27, cours Pierre-Puget | Marseille | Tel. 04 91 53 02 08

SCHWEIZER KONSULAT

7, rue d'Arcole | Marseille | Tel. 04 96 10 14 10

GELD & KREDITKARTEN

Geldautomaten findet man fast überall. Kreditkarten – in erster Linie Eurocard und Visa – nehmen nicht nur große Hotels und Restaurants, son-

> BLOGS & PODCASTS

Gute Tagebücher und Files im Internet

- *www.frankreich-info.de* – Eine private Webseite, die jede Menge Informationen zu Frankreich und aus der Provence bietet. Es gibt Leserforen, einen Nachrichten-Blog, nützliche Tipps zum Alltagsleben, die laufend aktualisiert werden.
- *www.france-blog.info* – Die Internetseite des Klett-Verlags verbreitet in deutscher und in französischer Sprache Nachrichten aus dem Nachbarland zu Kultur und Politik. Inzwischen gibt es die ersten Podcasts, allerdings ist die Themenauswahl noch nicht sehr üppig.
- *www.laprovence.com* – Homepage der Tageszeitung La Provence auf Französisch. Interessant: der Blog von Gastro-Kritiker Pierre Psaltis mit vielen Rezepten, aber auch neuen Informationen über die Restaurantszene der Region. Der Blog im Forum zum Fußballclub Olympique de Marseille bietet originelle Kommentare.
- *www.podcast.de* – Unter dem Stichwort „Episoden" gibt es die ersten Informationen über die Opernfestspiele in Aix-en-Provence oder den Mont Ventoux.
- *www.zevisit.com* – In deutscher Sprache ist das Angebot zur Provence noch spärlich, aber in der englischen Version gibt es Hörenswertes über Aix, Avignon und die ganze Region. In der französischen Version werden die Einträge wöchentlich aktualisiert.

Für den Inhalt der Blogs & Podcasts übernimmt die MARCO POLO Redaktion keine Verantwortung.

dern auch viele Geschäfte, Supermärkte, Tankstellen sowie Autobahnzahlstellen.

GESUNDHEIT

Deutsche und österreichische Versicherte können die französische Krankenversicherung in Anspruch nehmen. Sie müssen zunächst für medizinische Hilfe bezahlen, bekommen Auslagen aber nach den Sätzen des Heimatlandes erstattet. Die neue, einheitliche European Health Insurance Card (EHIC) wird von vielen Ärzten in der Provence (noch) nicht akzeptiert. In vielen Fällen lohnt sich weiter eine Auslandskrankenschutzversicherung.

INTERNET

Die Maison de la France *(www.franceguide.com)* präsentiert Informationen in deutscher Sprache und verweist auf Links zu Regionen, Départements und Kommunen. Last-Minute-Angebote im Vaucluse finden sich unter *www.degrifprovence.com*. Für den in diesem Band behandelten südlichen Teil des Départements Drôme gibt es unter *www.dromeprovencale.fr* spezielle Informationen. Gut gemacht und für Französischsprechende informativ ist die Website *www.luberon-news.com* für Liebhaber des Luberon. Informationen über das Département Gard gibt es auch in deutscher Sprache unter der Adresse *www.cdt-gard.fr*, und Informationen über die Ardèche und die nördliche Provence bekommen Sie auf der Website *www.rhone-alpes-tourisme.com*. Informationen über Marseille gibt es vom Rathaus *(www.mairie-marseille.fr)* oder von Lokalausgaben großer Anbieter wie *www.bestofmarseille.com* und *www.petitfute.com*. Internetanschlüsse sind in den meisten Hotels vorhanden, WLAN-Hotspots, die in Frankreich Wi-Fi (Wireless Fidelity) genannt werden, sind in Städten keine Seltenheit und gehören in vielen Hotels und Häfen zur Standardausstattung.

WAS KOSTET WIE VIEL?

> **KAFFEE**	**UM 2,70 EURO** für eine große Tasse *café crème*
> **SNACK**	**UM 2,20 EURO** für ein Käsesandwich
> **WEIN**	**UM 5 EURO** für eine Karaffe (0,25 l)
> **WASSER**	**UM 3 EURO** für 0,75 l Mineralwasser
> **BENZIN**	**UM 1,50 EURO** für 1 l Super bleifrei
> **FAHRRAD**	**UM 15 EURO** für ein Mietrad pro Tag

INTERNETCAFÉS

In allen großen Städten und auch in vielen Dörfern gibt es Internetcafés. Zu den ältesten gehört *Le Hublot (17, rue Paul Bert | Tel. 04 42 21 37 31)* in Aix-en-Provence, zu den schönsten *Info Café (1, quai de Rive Neuve | Tel. 04 91 33 53 05)* am Alten Hafen in Marseille.

JUGENDHERBERGEN

Für die *auberges de la jeunesse* in Orten wie Arles, Aix-en-Provence, Marseille oder Fontaine-de-Vaucluse brauchen Sie den internationalen Jugendherbergsausweis.

NOTRUF

Ein Notruf für alles: Polizei *(Police Secours)*, Krankenwagen *(Samu)*, Feuerwehr *(pompiers) Tel. 112*

ÖFFENTLICHE VERKEHRSMITTEL

Alle größeren Städte sind tagsüber problemlos mit öffentlichen Verkehrsmitteln zu erreichen. Informationen über Bus- und Bahnverbindungen gibt es bei den örtlichen Verkehrsämtern, bei der französischen Eisenbahngesellschaft SNCF *(www.sncf.fr)* oder an den Busbahnhöfen *(gare routière)*.

ÖFFNUNGSZEITEN

Die Besichtigungszeiten für Sehenswürdigkeiten und Museen ändern sich häufig. Wählen Sie deshalb zur Sicherheit die mittleren Stunden unserer Zeitangaben. Auch die meisten Restaurants haben einen Ruhetag pro Woche, und nicht alle Hotels sind ganzjährig geöffnet.

POST

Briefe (bis 20 g) in EU-Länder und die Schweiz kosteten bei Redaktionsschluss 0,60 Euro. Postämter sind meist Mo–Fr 9–12 und 14–17 , Sa 9–12 Uhr geöffnet. Briefmarken erhalten Sie auch im Tabakgeschäft oder beim Kauf der Postkarte.

PRIVATUNTERKUNFT

In der Provence sind private Gästezimmer eine oft preiswerte Alternative zu Hotels. Relativ strenge Normen gelten für die *chambres d'hôtes* der *Gîtes de France (Tel. 01 49 70 75 75 | www.gites-de-france.fr)*. Inzwischen gibt es sogar eine Notrufnummer für Reservierun-

WETTER IN MARSEILLE

	Jan.	Feb.	März	April	Mai	Juni	Juli	Aug.	Sept.	Okt.	Nov.	Dez.
Tagestemperaturen in °C	10	12	15	18	22	26	29	28	25	20	15	11
Nachttemperaturen in °C	2	2	5	8	11	15	17	17	15	10	6	3
Sonnenschein Std./Tag	4	5	6	8	10	10	12	10	8	6	5	4
Niederschlag Tage/Monat	7	7	6	5	6	4	2	3	4	5	4	5
Wassertemperaturen in °C	12	12	13	13	15	18	21	21	20	18	16	14

gen in letzter Minute *(Allo Chambres d'Hôtes | Tel. 08 91 16 22 22)*. Die lokalen Verkehrsämter führen weitere Adressen für die französische Version des Bed & Breakfast. Weitere Dachverbände für Gästezimmer in Südfrankreich sind *Fleurs du Soleil (www.fleursdesoleil.fr)* oder *Clévacances (www.clevacances.com)*. Sehr beliebt sind in Frankreich Ferienwohnungen auf dem Land *(gîte rural)* oder für Gruppen *(grands gîtes)*, die oft erst ab einer Mietzeit von einer Woche gebucht werden können. Größter französischer Anbieter für Ferienimmobilien ist *Pierre & Vacances (www.pierre-et-vacances.de)*, zu den großen deutschen Anbietern gehören *Inter-Chalet (www.interchalet.com)* oder *Marion Kutschank (www.meer-provence.com)*.

REISEZEIT

Beste Reisezeit: Mai, Juni, September, Oktober, an der Küste auch im Januar und Februar.

TELEFON & HANDY

Fast alle Zellen sind auf Telefonkarten umgestellt, die es in Postämtern und Tabakläden gibt. Vorwahlen nach Deutschland *0049*, nach Österreich *0043* und in die Schweiz *0041*. Nach Frankreich wählt man *0033*, dann direkt die Teilnehmernummer, jedoch ohne die Null am Anfang.

Für Handybenutzer gibt es drei große Anbieter, SFR *(www.sfr.fr)*, Orange *(www.orange.com)* und Bouygues *(www.bouyguestelecom.fr)*. Für Gespräche innerhalb Frankreichs kann es sich lohnen, eine Karte dieser Anbieter zu kaufen. Ansonsten bleibt mobiles Telefonieren im Ausland teuer, Handybesitzer zahlen auch, wenn sie in Frankreich von zu Hause angerufen werden. Beim Roaming spart, wer das günstigste Netz wählt. Mit einer französischen Prepaid-Karte entfallen die Gebühren für eingehende Anrufe. Prepaid-Karten wie die von GlobalSim *(www.globalsim.net)* oder Globilo *(www.globilo.de)* sind zwar teurer, ersparen aber ebenfalls alle Roaming-Gebühren. Und Sie bekommen schon zu Hause Ihre neue Nummer. Immer günstig sind SMS. Hohe Kosten verursacht die Mailbox: noch im Heimatland abschalten!

TRINKGELD

Sie können in Frankreich dasselbe Trinkgeld *(pourboire)* geben wie zu Hause.

ZEITUNGEN

Die größte regionale Tageszeitung ist „La Provence" mit einem umfangreichen Veranstaltungskalender in der Beilage „Sortir" mittwochs und Ausflugstipps in der Beilage „Femina" samstags. In allen größeren Orten gibt es deutschsprachige Zeitungen und Zeitschriften. Eine Besonderheit ist die Monatszeitschrift „Riviera-Côte-d'Azur-Zeitung" *(www.rczeitung.com)* in deutscher Sprache mit vielen praktischen Informationen über die Provence.

ZOLL

In der EU dürfen Waren für den persönlichen Bedarf frei ein- und ausgeführt werden. Richtwerte hierfür sind u.a. 90 l Wein, 800 Zigaretten, 10 l Spirituosen *(www.zoll.de)*. Für Schweizer gelten geringere Werte.

> TU PARLES FRANÇAIS?

„Sprichst du Französisch?" Dieser Sprachführer hilft Ihnen, die wichtigsten Wörter und Sätze auf Französisch zu sagen

Aussprache

Zur Erleichterung der Aussprache sind alle französischen Wörter mit einer einfachen Aussprache (in eckigen Klammern) versehen.

AUF EINEN BLICK

Ja/Nein	Oui [ui]/Non [nong]
Vielleicht	Peut-être [pöhtätr]
Bitte	S'il vous plaît [sil wu plä]
Danke	Merci [märsi]
Gern geschehen.	De rien. [dö rjäng]
Entschuldigen Sie!	Excusez-moi! [äksküseh mua]
Wie bitte?	Comment? [kommang]
Ich verstehe Sie/dich nicht.	Je ne comprends pas. [schön kongprang pa]
Ich spreche nur wenig Französisch.	Je parle un tout petit peu français. [schparl äng tu pti pöh frangsä]
Können Sie mir bitte helfen?	Vous pouvez m'aider, s.v.p.? [wu puweh mehdeh sil wu plä]
Guten Tag!/Hallo!	Bonjour! [bongschur]/Salut! [salü]
Guten Abend!	Bonsoir! [bongsuar]
Wie ist Ihr Name, bitte?	Comment vous appelez-vous? [kommang wus‿apleh wu]
Wie heißt du?	Comment tu t'appelles? [kommang tü tapäl]
Mein Name ist …	Je m'appelle … [schö mapäl]
Ich komme aus …	Je suis de … [schö süi dö]
… Deutschland.	… l'Allemagne. [lalmanj]
… Österreich.	… l'Autriche. [lohtrisch]
… der Schweiz.	… la Suisse. [la süis]
Auf Wiedersehen!/Tschüss!	Au revoir! [oh röwuar]/Salut! [salü]
Hilfe!	Au secours! [oh skur]
Rufen Sie bitte schnell …	Appelez vite … [apleh wit]
… einen Krankenwagen.	… une ambulance. [ün‿angbülangs]
… die Polizei.	… la police. [la polis]

UNTERWEGS

Bitte, wo ist …?	Pardon, où se trouve …, s.v.p.? [pardong, us truw … sil wu plä]

… der Bahnhof?	… la gare … [la gar]
… der Flughafen?	… l'aéroport … [laehropor]
… die Haltestelle?	… l'arrêt … [larä]/ … la station … [la stasjong]
… der Taxistand?	… la station de taxi … [la stasjong dö taxi]
Bus/Fähre/Zug	le bus [lö büs]/le bac [lö bak]/ le train [lö träng]
Entschuldigung, wie komme ich nach …?	Pour aller à …, s.v.p.? [pur‿aleh a sil wu plä]
Immer geradeaus bis …	Vous allez tout droit jusqu'à … [wus‿aleh tu drua schüska]
Dann links/rechts abbiegen.	Ensuite, vous tournez à gauche/ à droite. [angsüit wu turneh a gosch/ adruat]
nah/weit	près [prä]/loin [luäng]
Überqueren Sie …	Vous traversez … [wu trawärseh]
… die Brücke.	… le pont. [lö pong]
… den Platz.	… la place. [la plas]
… die Straße.	… la rue. [la rü]
Ich möchte … mieten.	Je voudrais louer … [schwudrä lueh]
… ein Auto …	… une voiture. [ün wuatür]
… ein Fahrrad …	… un vélo. [äng wehloh]
… ein Boot …	… un bateau. [äng batoh]
offen/geschlossen	ouvert,e [uwär, uwärt]/fermé,e [färmeh]
Eingang/Ausgang	l'entrée [l'angtreh]/la sortie [la sorti]
Wo sind bitte die Toiletten?	Où sont les W.-C., s.v.p.? [u song leh wehseh sil wu plä]

SEHENSWERTES

Wann ist das Museum geöffnet?	A quelle heure ouvre le musée? [a käl‿ör uwrö lö müseh]
Wann beginnt die Führung?	La visite guidée est à quelle heure? [la wisit gideh ät‿a käl‿ör]
Altstadt	la vieille ville [la wjäj wil]
Ausstellung	l'exposition [läkspohsisjong]
Gottesdienst	l'office [lofis]
Kirche	l'église [lehglis]
Rathaus	la mairie [la märi]/ l'hôtel de ville [lotäl dö wil] (Großstadt)

Schloss	le château [lö schatoh]
Stadtplan	le plan (de la ville) [lö plang (dö la wil)]
Stadtzentrum	le centre de la ville [santre dö la wil]

DATUM- & ZEITANGABEN

Montag	lundi [längdi]
Dienstag	mardi [mardi]
Mittwoch	mercredi [märkrödi]
Donnerstag	jeudi [schödi]
Freitag	vendredi [wangdrödi]
Samstag	samedi [samdi]
Sonntag	dimanche [dimangsch]
heute/morgen	aujourd'hui [oschurdüi]/ demain [dömäng]
täglich	quotidien [kotidiäng]
Wie viel Uhr ist es?	Quelle heure est-il? [käl_ör ät_il]
Es ist 3 Uhr.	Il est trois heures. [il_ät truas_ör]
Es ist halb 3.	Il est deux heures et demie. [il_ät döhs_ör eh dmi]

ESSEN & TRINKEN

Die Speisekarte, bitte.	La carte, s.v.p. [la kart sil wu plä]
Ich nehme …	Je prendrai … [schö prangdrä]
Bitte ein Glas …	Un verre de …, s.v.p. [äng wär dö … sil wu plä]
Messer/Gabel/Löffel	le couteau [lä kutoh]/la fourchette [la furschät]/la cuillère [la kuijär]
Vorspeise	le hors-d'œuvre [lö ordöwr]
Hauptgericht	le plat de résistance [lö plad rehsistangs]
Nachspeise	le dessert [lö dehsär]
Salz/Pfeffer	le sel [lö säl]/le poivre [lö puawr]
scharf	fort,e [for, fort]
Ich bin Vegetarier/in.	Je suis végétarien. [schö süi weschetariang]
Trinkgeld	le pourboire [lö purbuar]
Die Rechnung, bitte.	L'addition, s.v.p. [ladisjong sil wu plä]

EINKAUFEN

Wo kann ich … kaufen?	Où est-ce qu'on peut acheter …? [u äs kong pöht aschteh]
Apotheke	la pharmacie [la farmasi]
Bäckerei	la boulangerie [la bulangschri]
Lebensmittelgeschäft	l'épicerie [lehpisri]
Markt	le marché [lö marscheh]

Haben Sie …?	Vous avez …? [wus_aweh]
Ich möchte …	J'aimerais … [schämrä]
Wie viel kostet es?	Combien ça coûte? [kongbjäng sa kut]
Nehmen Sie Kreditkarten?	Vous prenez les cartes de crédit? [wu pröneh leh kart dö krehdi]

ÜBERNACHTEN

Ich habe bei Ihnen ein Zimmer reserviert.	J'ai réservé une chambre chez vous. [schö rehsärweh ün schangbrö scheh wu]
Haben Sie noch …	Est-ce que vous avez encore … [äs_kö wus_aweh angkor]
… ein Einzelzimmer?	… une chambre pour une personne? [ün schangbr pur ün pärsonn]
… ein Zweibettzimmer?	… une chambre pour deux personnes? [ün schangbr pur döh pärsonn]
mit Bad	avec salle de bains [awäk sal dö bäng]
Was kostet das Zimmer mit Frühstück?	Quel est le prix de la chambre, petit déjeuner compris? [käl_ä lö prid la schangbr pti dehschöneh kongpri]

PRAKTISCHE INFORMATIONEN

Können Sie mir einen Arzt empfehlen?	Vous pourriez recommander un médecin, s.v.p.? [wu purjeh rökommang deh äng bong mehdsäng sil wu plä]
Ich habe hier Schmerzen.	J'ai mal ici. [scheh mal isi]
Eine Briefmarke, bitte.	Un timbre, s.v.p. [äng tambre sil wu plä]
Postkarte	la carte postale [la kart postal]
Wo ist hier bitte eine Bank?	Pardon, je cherche une banque. [pardong schö schärsch ün bangk]
Geldautomat	la distributeur automatique [la distribütör otomatik]

ZAHLEN

1	un, une [äng, ühn]	11	onze [ongs]
2	deux [döh]	12	douze [dus]
3	trois [trua]	20	vingt [wäng]
4	quatre [katr]	50	cinquante [sängkangt]
5	cinq [sängk]	100	cent [sang]
6	six [sis]	200	deux cents [döh sang]
7	sept [sät]	500	cinque cents [sängk sang]
8	huit [üit]	1000	mille [mil]
9	neuf [nöf]	1/2	un demi [äng dmi]
10	dix [dis]	1/4	un quart [äng kar]

Hafen von Cassis

> UNTERWEGS IN DER PROVENCE

Die Seiteneinteilung für den Reiseatlas finden Sie auf dem hinteren Umschlag dieses Reiseführers

REISE ATLAS

St.-Martin-sur-Lavezon
Centrale nucléaire
Derbières
la Coucourde
Condillac
MARSANNE
Roynac
Puy-St Martin
St Martin-l'Inférieur
Meysse
Sceautres
Aubignas
Pons
ROCHEMAURE
Ancône
l'Homme-d'Armes
Savasse
Sauzet
la Laupie
Cleon-d'Andran
Manas
Bonlieu-sur-Roubion
Église romane
St Marcel-lès-Sauzet
Roubion
Charois
MONTÉLIMAR
St Gervais-sur-Roubion
le Planas
Salettes
Joviac
la Roche
le Teil
Église romane
Mélas
Escoutay
Montboucher-sur-Jabron
la Bâtie-Rolland
Jabron
Couvent de Trappistines
Lalo
Puygiron
la Bégude-de-Mazenc
Souspierre
le Poët-Laval
Portes-en-Valdaine
Chambaud
la Touche
Espeluche
Montélimar
Allan
le Colombier
Aleyrac
Prieuré
Mont Ra
898
St Thomé
St Alban
Rhône
Malataverne
Pont romain
Église romane
Bayne
VIVIERS
Châteauneuf
Montélimar-Sud
Montjoyer
Monastère de Trappe d'Aiguebelle
le Fraysse
Gorge de la Ste Baume
St Montan
DONZÈRE
Église romane
Autoroute du Soleil
Réauville
Salles-sous-Bois
Taulignan
Roussas
Valaurie
Bayonne
St Andéol-de-Mitroys
Conche
les Granges-Gontardes
GRIGNAN
Grotte de Rochecourbière
N.D. de Cousignac
Charneve
Berre
la Garde-Adhémar
Chapelle du Val-des-Nymphes
Chantemerle-lès-Grignan
Beffroi
Chamaret
Grillon
Enceinte
Rieussec
Roche Colombe
PIERRELATTE
Colonzelle
Église romane
les Barquets
BOURG-St ANDÉOL
Église romane
Romanin
Clansayes
Montségur-sur-Lauzon
Margerie
Coronne
Vinsas
Faveyrolles
St PAUL-Trois-Châteaux
St Juste
Cathédrale romane
Solérieux
Église
Richerenches
les Blaches
Usine atomique
St Sépulcre
la Baume-de-Transit
St Marcel-d'Ardèche
le Colombier
St Restitut
Église romane
Cité de l'Usine
Chabrières
la Borie
St Turquoit
Visan
St Just
Lapalud
Ardèche
07 Ardèche
St Ferréol
Bollène
Gourdon
Bouchet
Tulette
les Barrinques
Givaudan
Suze-la-Rousse
Plan Julièras
26 Drôme
Buiss
Pont antique
BOLLÈNE
St Roman-de-
St Paulet-de-Caisson
PONT-St ESPRIT
T.G.V.
Derboux
Rochegude
84 Vaucluse
Galifet
Roai
Carsan
Mondragon
Massillan
les Farjons
Ste Cécile-les-Vignes
Cairanne
Rasteau
Alexandre
Mornas-Les-Adrets
Uchaux
Lagarde-Paréol
Route de la vie Romaine
Cellettes
Vénéjan
Mornas
la Galle
St Estève
Aigues
la Couranconne
St Nazaire
St Etienne-des-Sorts
Mornas-Village
Piolenc
Aigueville
Sérignan-du-Comtat
Travaillan
St Andr
BAGNOLS-sur-Cèze
Orange-N.
Camaret-sur-Aigues
Violès
Gigondas
Chusclan
Marcoule (Usine Atomique)
Arc de Triomphe
Malijay
Ouvèze
Orsan
Codolet
Mortignan
ORANGE
Vacqueyras
Orange-Centre
Théâtre Antique
Causans
les Roques
Jonquières
Pavane
Laudun
Caderousse
Église romane
Orange-Sud
les Sablons
St Paulet
l'Ardoise
St Paul-
Autoroute du Soleil
Enceinte
Courthézon
Verclos
Tourreau
121

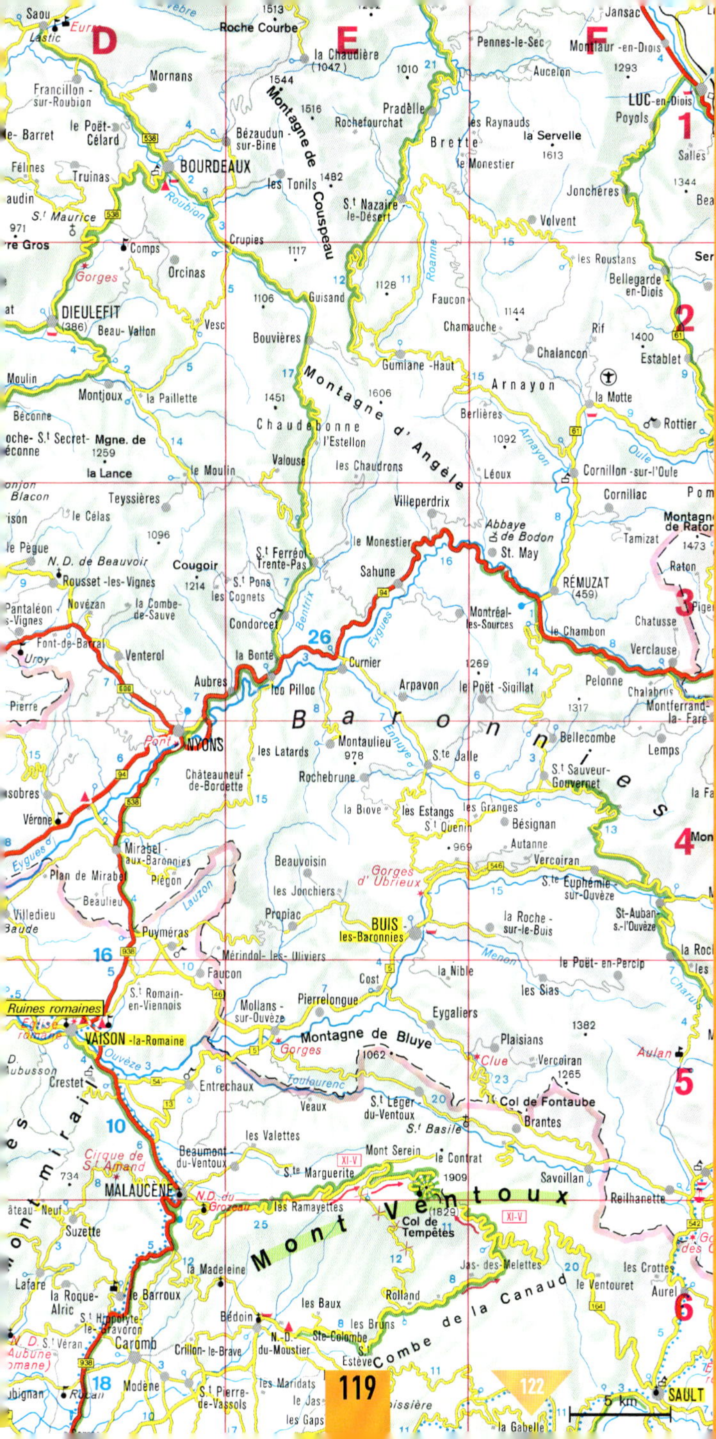
D
E
F
1
2
3
4
5
6
Saou
Lastic
Roche Courbe
la Chaudière (1047)
Pennes-le-Sec
Jansac
Montlaur-en-Diois
Mornans
Francillon-sur-Roubion
le Poët-Célard
Bézaudun-sur-Bine
Montagne de Couspeau
Pradèlle
Rochefourchat
Aucelon
LUC-en-Diois
Poyols
les Raynauds
la Servelle
Brette
le Monestier
Salles
Félines
Truinas
BOURDEAUX
Roubion
les Tonils
St Nazaire-le-Désert
Jonchères
St Maurice
Volvent
Crupies
Comps
Orcinas
Gorges
Roanne
les Roustans
Bellegarde-en-Diois
Guisand
DIEULEFIT (386)
Beau-Vallon
Vesc
Bouvières
Faucon
Chamauche
Rif
Chalancon
Establet
Gumiane-Haut
Moulin
Montjoux
la Paillette
Montagne d'Angèle
Arnayon
la Motte
Rottier
Béconne
Mgne. de Béconne
la Lance
Chaudebonne
l'Estellon
Berlières
Valouse
les Chaudrons
le Moulin
Léoux
Cornillon-sur-l'Oule
Oule
Blacon
Teyssières
le Célas
Villeperdrix
Cornillac
Abbaye de Bodon
St. May
Montagne de Raton
Tamizat
le Pègue
N.D. de Beauvoir
Cougoir
St Ferréol-Trente-Pas
le Monestier
Rousset-les-Vignes
St Pons
les Cognets
Sahune
RÉMUZAT (459)
Raton
Pantaléon-les-Vignes
Novézan
la Combe-de-Sauve
Condorcet
Bentrix
Montréal-les-Sources
le Chambon
Chatusse
Font-de-Barral
Eygues
la Bonté
Curnier
Verclause
Venterol
Aubres
Pilles
Arpavon
le Poët-Sigillat
Pelonne
Chalabrus
Montferrand-la-Fare
Pierre
Baronnies
NYONS
Pont
Montaulieu
Ennuye
Bellecombe
Lemps
les Latards
Châteauneuf-de-Bordette
Rochebrune
Ste Jalle
St Sauveur-Gouvernet
Vérone
la Biove
les Estangs
les Granges
St Quenin
Bésignan
Autanne
Vercoiran
Mirabel-aux-Baronnies
Plan de Mirabel
Piégon
Beauvoisin
Gorges d'Ubrieux
Ste Euphémie-sur-Ouvèze
Beaulieu
Lauzon
les Jonchiers
Villedieu
Propiac
BUIS les-Baronnies
la Roche-sur-le-Buis
St-Auban-s.-l'Ouvèze
Puyméras
Mérindol-les-Oliviers
Faucon
Menon
la Nible
le Poët-en-Percip
Cost
les Sias
St Romain-en-Viennois
Ruines romaines
Mollans-sur-Ouvèze
Pierrelongue
Eygaliers
VAISON-la-Romaine
Ouvèze
Montagne de Bluye
Gorges
Plaisians
Clue
Vercoiran
Aulan
Crestet
Entrechaux
Toulourenc
Veaux
St Léger-du-Ventoux
Col de Fontaube
Brantes
Dentelles de Montmirail
St Basile
les Valettes
Cirque de St Amand
Beaumont-du-Ventoux
Mont Serein
le Contrat
Ste Marguerite
Savoillan
Reilhanette
MALAUCÈNE
N.D. du Groseau
les Ramayettes
Mont Ventoux
Col de Tempêtes
Suzette
Jas-des-Melettes
les Crottes
la Madeleine
Combe de la Canaud
le Ventouret
Lafare
la Roque-Alric
le Barroux
Rolland
Aurel
les Baux
St Hippolyte-le-Graveyron
Bédoin
les Bruns
N.-D. St Véran
Caromb
Crillon-le-Brave
N.-D.-du-Moustier
Ste-Colombe
St Estève
Modène
St Pierre-de-Vassols
les Maridats
le Jas
les Gaps
la Gabelle
SAULT
5 km
122

Allègre
Arlinde
Fons-sur-Lussan
la Lèque
Menhir
Goussargues
la Roque-sur-Cèze
Cascade du Sautadet
Donnat
les Vieilles-Fumades
Cauvas
les Fumades-les-Bains
Navacelles
Malataverne
Verfeuil
St André-d'Olérargues
Servas
Bouquet
le Puech
LUSSAN
Audabiac
Coulongres
les Opiats
Sabran
les Plans
St Marcel-de-Careiret
Celas
Brouzet-lès-Alès
Vallérargues
Mégier
Seynes
Mons
St Just-et-Vacquières
la Bruguière
Cavillargues
St Laurent-la-Vernède
St Pons-la-Calm
Monteils
Fontarèches
Pougnadoresse
Tave
le Chabian
Belvézet
la Bastide-d'Engras
le Pin
St Hippolyte-de-Caton
Euzet
le Montellier
la Mas-de-la-Vieille-Eglise
Bourdiguet
St Etienne-de-l'Olm
Aigaliers
Vallabrix
Masmolène
St Jean-de-Ceyrargues
Marignac
Foussargues
Larnac
Labaume
Baron
St Quentin-la-Poterie
St Victor-des-Oules
la Capelle-et-Masmolène
Martignargues
Foissac
Gattigues
Serviers-et-Labaume
Montaren-et-St.-Médiers
Moulin-Neuf
St Hippolyte-de-Montaigu
St Césaire-de-Gauzignan
St Maurice-de-Cazevieille
Duché
Flaux
Castelnau-Valence
Collorgues
Aubussargues
UZÈS
St Siffret
Valliguières
Cruviers-Lascours
Castelnau
Museon di Rodo
Carrière
Boucoiran
Brignon
Saint-Dézéry
Garrigues
Arpaillargues-et-Aureillac
St Maximin
Boisset
Castillon-du-Gard
Moussac
Bourdic
Sagriès
Musée du Bonbon Haribo
Argilliers
Sauzet
St.T CHAPTES
Blauzac
Sanilhac-Sagriès
Collias
Vers-Pont-Du-Gard
la Tour
Gard ou Gardon
St Geniès-de-Malgoires
Aubarne
Ermitage
St Privat
la Rouvière
Pont St Nicolas
Grotte de la Baume
Pont du Gard
Montignargues
Ste.-Anastasie (Russan)
Ste Anastasie
Dions
Braune
Gorges du Gardon
Église romane
St Bonnet-du-Gard
St Bauzély
la Calmette
Poulx
Aquarium Tropical
Lédenon
Sernhac
Fons
Pic de Guerre
Camp des Garrigues
Cabrières
Gajan
Clausonne
St MAMERT-du-Gard
Massillan
Marguerittes
Meynes
Pierreau
Bezouce
Parignargues
les Fontilles
St Gervasy
NÎMES
Amphithéâtre
MARGUERITTES
Nîmes-Est
Montpezat
Maison Carrée
Arènes
St Côme-et-Maruéjols
Clarensac
Caveirac
Redessan
Rodilhan
Jonquières-St. Vincent
Sinsans
St Dionisy
Nîmes-Ouest
Nîmes-Centre
Manduel
Vendargues
Langlade
Caissargues
Bouillargues
Oppidum
Campuget
Calvisson
Nages-et-Solorgues
Bellevue
Milhaud
Barnier
Bizac
Boissières
Garons
Rhony
Vistre
Campagne
Nîmes-Garons
Bernis
Laval
Aubord
Bellegarde
Uchaud
Vergèze
Vestric-et-Candiac
Générac
Mus
Codognan
Gallargues
Mas Pérouse
Mas du Grand Argence
Gallargues-le-Montueux
Beauvoisin
Petit Argence
la Grand-Cabane
Surville
Andron
Mas de Grille
30 Gard
Mas de Vert
VAUVERT
St.Gilles/Vauvert
Aimargues
Église romane
Mas du Tort
St. André
le Cailar
Beck
S.T GILLES
Chemin de St-Jacques
Saliers
Marsillargues
Canal du Bas-Rhône-Languedoc
Figarès
Stanislas
Gallician
Espeyran
St Laurent
Parc

126

D
E
F
118
1
2
3
4
5
6
BAGNOLS-sur-Cèze
S.t Etienne-des-Sorts
Chusclan
Marcoule (Usine Atomique)
Codolet
Orsan
Laudun
l'Ardoise
S.t Paul-les-Fonts
S.t Victor-la-Coste
S.t Laurent-des-Arbres
S.t Geniès-de-Comolas
Lirac
Mornas-Village
Piolenc
Orange-Nord
Orange-Centre
Orange-Sud
Martignan
Caderousse
Église romane
Montfaucon
Corrensons
ROQUEMAURE
le Clary
Roquemaure
Sauveterre
Tavel
Aqueria
Pujaut
Tringuevédel
Brot
La Languedocienne
S.t Hilaire-d'Ozilhan
Rochefort-du-Gard
VILLENEUVE-lès-Avignon
Barthelasse
Fort S.t André
Pont S.t Bénézet
les Angles
Palais des Papes
AVIGNON
Estézargues
Saze
Remoulins
Fournès
Domazan
T.G.V.
Barbentane
Théziers
ARAMON
Rognonas
CHÂTEAURENARD
Durance
la Montagnette
S.t Marcellin
Boulbon
S.te Marie
Campredon
Vallabrègues
Abbaye S.t Michel-de Frigolet (Cloître roman)
Graveson
Eyragues
Maillane
Frédéric Mistral
la Motte
TARASCON
Église romane
BEAUCAIRE
Goubelet
Mas-Blanc-des-Alpilles
le Grand Castelet
Lansac
Ranguy
S.t Etienne-du-Grès
S.t Gabriel (Église romane)
Tour du Cardinal
Chaîne des Alpilles
Auge
S.t Jean
Estoublon
Fontvieille
Viguier
Moulin de Daudet
Montauban
Castelet
S.te Croix
Anc. Abbaye de Montmajour (rom.)
Aqueducs
le Grand Barbegal
ARLES
Arènes
les Alyscamps
Bouches-du-Rhône
Rhône
Grand Rhône
St-Victor
Moulès
Raphèle-lès-Arles
Mas de
St-Hippolyte
Trouniaire
Escanin
Paradou
Maussane-les-Alpilles
Les Baux-de-Provence
(280)
Aiguevile
Serignan-du-Comtat
Camaret-sur-Aigues
Arc de Triomphe
ORANGE
Théâtre Antique
Autoroute du Soleil
CHÂTEAUNEUF-du-Pape
la Fortia
les Fines Roches
la Nerte
S.t Louis
SORGUES
Fongayade
Cassagne
le Pontet
Morières-lès-Avignon
Montfavet
Morières
Avignon-Sud
Avignon-Nord
Roberty
Vedène
Entraigues
Rognonas
Noves
Enceinte
Villargelle
Église romane
Verquières
Bournissac
Paluds-de-Noves
Lagoy
le Cast
Vigueirat
Massane
Château de Roussan
S.T RÉMY-de-Provence
les Antiques
S.t Paul-de-Mausole
Ruines de Glanum
les Paludes
Mollégès
Servanne
les Calans
les Baumettes
Mouriès
Beauregard
Villepail
5 km
S.t-Martin-de-Crau-Est
St-Martin-de-Crau
Violès
Gigondas
S.t André
Malijay
Vacqueyras
Causans
les Roques
Jonquières
Pavane
les Sablons
S.t Paulet
BEAUMES-de-Venise
Enceinte
Courthézon
Verclos
Tourreau
Sarrians
Monteiller
les Taillades
Talaud
BÉDARRIDES
Auzon
Aquarium Oxygène
Sorgues
Monteux
Enceinte
Althen-des-Paluds
les Valayans
S.t Saturnin-lès-Avignon
Grotte de Thouzon
Jonquerettes
Châteauneuf-de-Gadagne
Caumont-s.-Durance
Route de la vie Romaine
les Vignères
Cabannes
Église romane
S.t Sauveur
S.t Andiol
S.t Estève
Grès-Haut
Plan-d'Orgon
Valdition
Eygalières
S.t Sixte
Mas-de Montfort
Pierredon
les Fléchons
Aureille
les Opies
493
EYGUIÈRES
Roquemartine
les Plaines
Grand-Brays
la Jasse
Samatane
Croix-de-Crau
E15
A7
A9
E714
E80
A54

127

A
B
C
1
2
3
4
5
6
119
128
BEAUMES-de-Venise
CARPENTRAS
Monteux
PERNES-les-Fontaines
L'ISLE-sur-la-Sorgue
CAVAILLON
ORGON
SÉNAS
EYGUIERES
SALON-de-Provence
MIRAMAS
MORMOIRON
GORDES
Roussillon
BONNIEUX
Mazan
Villes-sur-Auzon
Sault
Méthamis
Venasque
Fontaine-de-Vaucluse
Ménerbes
Lacoste
Oppède-le-Vieux
Mérindol
Lauris
Mallemort
Lambesc
Pélissanne
Lançon-Provence
Plateau de Vaucluse
Montagne du Luberon
Régional
Gorges de la Nesque
Route de la vie Romaine
Autoroute du Soleil
Chaîne de la Fare
84 Vaucluse
13 Bouches-du-Rhône

D
E
F
1
2
3
4
5
6
26 Drôme
Montagne de
Refuge de Lure (1572)
N.D. de
SAULT
Église romane
St. Trinit
le Contadour
Vière
Saumane
l'Hospitalet
le Jonquet
Redortiers
Revest-du-Bion
la Rochegiron
Jas-de-Berle
St. Pancrace
Lardiers
les Perrets
Plateau d'Albion
969
BANON
N.D. des Anges
St-Étienne-les-Orgues
Jean
Brouville
St. Christol
Route de la Lavande
Ganas
Ongles
Vaucluse
Chavon
Montsalier
le Largue
le Rocher d'Ongles
Revest-St-Martin
le Crozat
la Resclave
Cheyran
Granges de Dauban
Fontienne
N.D. de Lamaron
Gubian
St. Pierre
919
Limans
la Pourcine
Bel-Air
Lagarde-d'Apt
St. Pierre
1256
Simiane-la-Rotonde
Carniol
le Plan
FORCALQUIER
les Tourettes
le Buisseron
1120
822
Revest-des-Brousses
Ybourgues
1
Parc
Calavon
Largue
Laye
N.D. de Bellevue
Châteauneuf
Mane
Fumeirasse
Oppedette
Aubenas-les-Alpes
les Grands-Cléments
Rustrel
Vachères
Fenouillet
Observatoire de Haute Provence
Salagon
Doa
Gignac
Pimayon
Jean-Jean
Colorado de Rustrel
Viens
Ste-Croix-à-Lauze
St. Michel-l'Observatoire
St. Maime
Blace
26
Dauphin
Naturel
Lincel
Caseneuve
REILLANNE
St. Martin-les-Eaux
St. Paul
les Granons
St. Martin-de-Castillon
Céreste
Villemus
Église romane
Saignon
la Bégude
entour de murailles
Montjustin
Mont d'Or
le Boisset
St. Clerc
Castellet
Auribeau
St. Elzéar
04 Alpes-de-Hte.-Provence
84 Vaucluse
Montfuron
MANOSQUE
Sivergues
1125
Vitrolles
(974)
Pierrevert
Manosque
Mourre Nègre
Luberon
Régusse
St. Tulle
Peypin-d'Aigues
Cabrières-d'Aigues
la Bastide-des-Jourdans
Cucuron
la Motte-d'Aigues
Pradine
Porchière
Laval
Sannes
St. Martin-de-la-Brasque
Grambois
Corbières
le Seuil
Étang de la Bonde
22
Ste-Croix
Vaugines
Ansouis
la Danjotte
Beaumont-de-Pertuis
du Luberon
Verdon
la Tour d'Aigues
les Auquiers
Villelaure
Durance
la Bastidonne
Mirabeau
St-Paul-les-D.
Cadarache (Centre d'etudes Nucléaires)
PERTUIS
Enceinte
St. Paul-lès-Durance
Mallabré
les Goirands
25
le Logis-d'Anne
519
Meyrargues-Pertuis
le Puy-Ste-Réparade
13 Bouches-du-Rhône
83 Var
la Bastide
la Criде
Bedes
Notre-Dame
A51
Fonscolombe
PEYROLLES-en-Provence
Jouques
Traconnade
la Grande
Meyrargues
St. Canadet
Aqueduc romain
Provence
B. de Mont M
490
Meyrargues-Fontbelle
3
Forêt de le Plaines
Revelette
St. Antonin
St. Maurin
Venelles
Meyrargues
Peyrolles
Canal
RIANS
Autoroute du Val de Durance
Couteran
la Campane
Grand Sambuc
Gerle
5 km
Artigues
Puyricard
Venelles
le Taulisson
la Bérarde
Aix-les-Plantanes
129
Beaufort
la Tête du Marquis
605
St. Marc-
le Puits-
le Puits-de-Rians

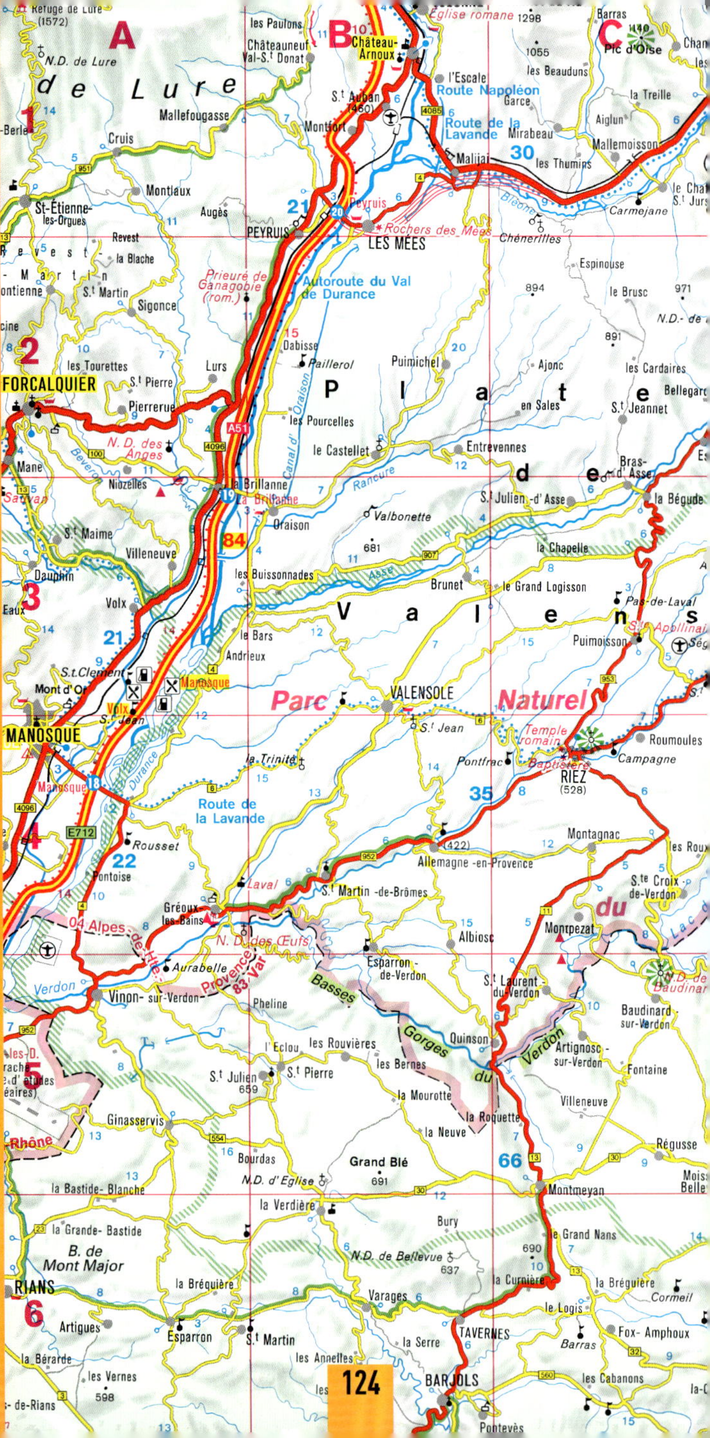

A
B
C
1
2
3
4
5
6
Refuge de Lure (1572)
N.D. de Lure
de Lure
les Paulons
Châteauneuf Val-St Donat
Château-Arnoux
Église romane
1298
Barras
1140
Pic d'Oise
1055
les Beauduns
l'Escale
Route Napoléon
Garce
la Treille
St Auban (460)
Aiglun
Mallefougasse
Montfort
Route de la Lavande
Mirabeau
Mallemoisson
Cruis
Malijai
30
les Thumins
Montlaux
St-Étienne-les-Orgues
Augès
21
20
Peyruis
PEYRUIS
Rochers des Mées
LES MÉES
Bléone
Carmejane
Chénerilles
Revest
la Blache
Espinouse
Prieuré de Ganagobie (rom.)
Autoroute du Val de Durance
894
le Brusc
971
St Martin
Sigonce
N.D.- de
891
Dabisse
Paillerol
Puimichel
les Tourettes
Lurs
Ajonc
les Cardaires
FORCALQUIER
St Pierre
Plateau de Valensole
Bellegarde
Pierrerue
en Sales
St Jeannet
les Pourcelles
Canal d' Oraison
N. D. des Anges
A51
le Castellet
Entrevennes
Mane
Beveron
Bras-d'Asse
Niozelles
la Brillanne
La Brillanne
Rancure
19
St Julien-d'Asse
la Bégude
Sauvan
Oraison
Valbonette
St Maime
84
681
la Chapelle
Villeneuve
Dauphin
les Buissonnades
Asse
Brunet
le Grand Logisson
Volx
Pas-de-Laval
Eaux
le Bars
St Apollinaire
21
Puimoisson
Andrieux
St Clément
Mont d'Or
Manosque
Parc
VALENSOLE
Naturel
Volx
St Jean
St Jean
Temple romain
Roumoules
MANOSQUE
la Trinité
Campagne
Pontfrac
Baptistère
RIEZ (528)
Manosque
18
Durance
35
Route de la Lavande
Montagnac
E712
(422)
les Roux
Rousset
Allemagne-en-Provence
22
Pontoise
St Martin-de-Brômes
Ste Croix-de-Verdon
Laval
Gréoux-les-Bains
Albiosc
du
Montpezat
04 Alpes-de-Hte-Provence
83 Var
N. D. des Œufs
Esparron-de-Verdon
Aurabelle
N.D. de Baudinard
St Laurent-du-Verdon
Verdon
Vinon-sur-Verdon
Basses
Pheline
Baudinard-sur-Verdon
Gorges du Verdon
Quinson
Artignosc-sur-Verdon
l'Eclou
les Rouvières
les Bernes
St Julien 659
St Pierre
Fontaine
la Mourotte
Villeneuve
Ginasservis
la Roquette
la Neuve
Rhône
Régusse
Bourdas
66
Grand Blé 691
la Bastide-Blanche
N.D. d'Eglise
Montmeyan
la Verdière
Bury
la Grande-Bastide
le Grand Nans
B. de Mont Major
N.D. de Bellevue 637
690
la Bréquière
la Curnière
la Bréguière
Cormeil
RIANS
Varages
le Logis
Artigues
Esparron
St Martin
TAVERNES
la Serre
Barras
Fox-Amphoux
la Bérarde
les Annelles
les Vernes 598
les Cabanons
BARJOLS
Pontevès

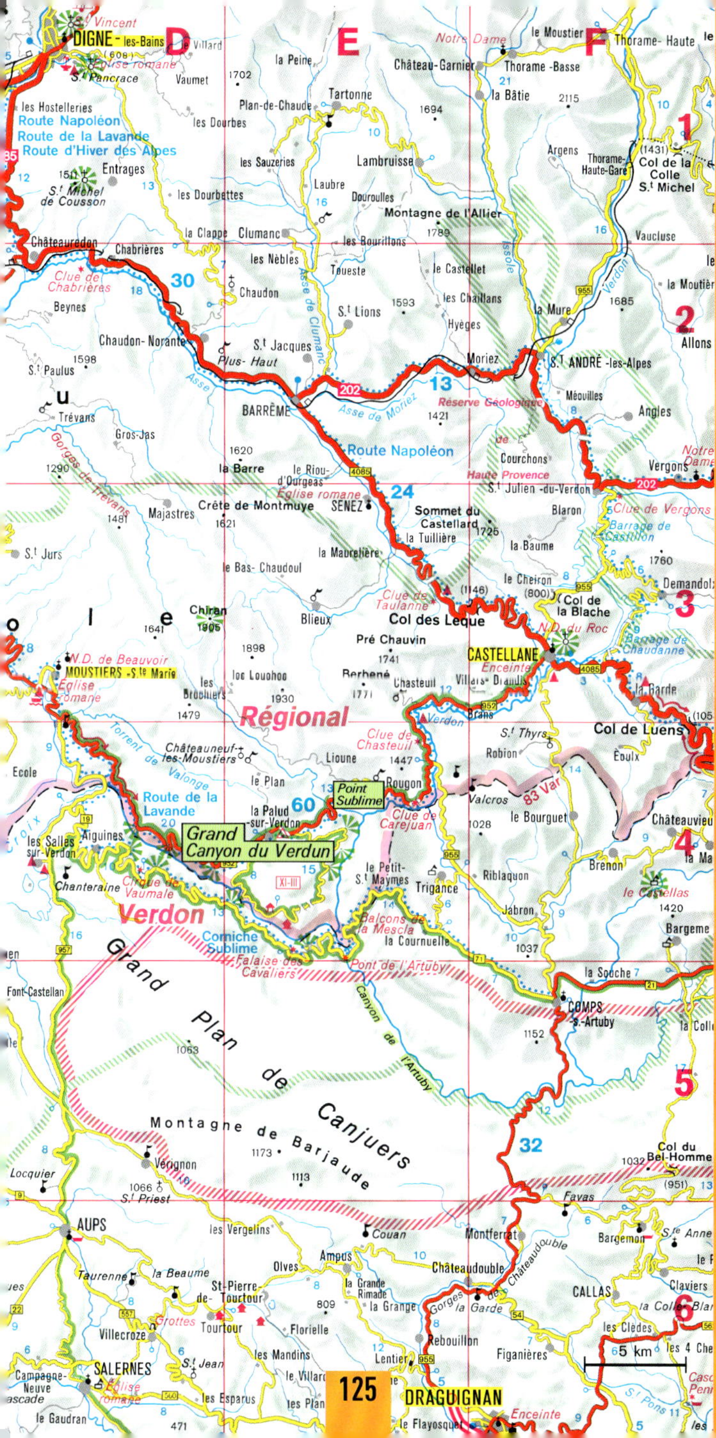
DIGNE-les-Bains
St Vincent
Église romane
St Pancrace
le Villard
Vaumet
la Peine
Tartonne
Plan-de-Chaude
Château-Garnier
Notre Dame
le Moustier
Thorame-Haute
Thorame-Basse
la Bâtie
les Hostelleries
Route Napoléon
Route de la Lavande
Route d'Hiver des Alpes
les Dourbes
Lambruisse
les Sauzeries
Laubre
Douroulles
Montagne de l'Allier
Argens
Thorame-Haute-Gare
Col de la Colle St Michel
Entrages
St Michel de Cousson
les Dourbettes
la Clappe
Clumanc
les Bourillons
Vaucluse
Châteauredon
Chabrières
Clue de Chabrières
les Nèbles
Toueste
le Castellet
Chaudon
Asse de Clumanc
les Chaillans
la Moutière
Beynes
St Lions
Hyèges
la Mure
Verdon
Chaudon-Norante
St Jacques
Plus-Haut
Moriez
ST ANDRÉ-les-Alpes
Allons
St Paulus
Asse
BARRÊME
Asse de Moriez
Réserve Géologique de Haute Provence
Méouilles
Angles
Trévans
Gros-Jas
Route Napoléon
Gorges de Trévans
la Barre
le Riou-d'Ourgeas
Courchons
Notre Dame
Vergons
Église romane
SENEZ
St Julien-du-Verdon
Majastres
Crête de Montmuye
Sommet du Castellard
Blaron
Clue de Vergons
Barrage de Castillon
la Tuillière
la Baume
St Jurs
le Bas-Chaudoul
la Maurelière
le Cheiron
Demandolx
Clue de Taulanne
Col de la Blache
Chiran
Blieux
Col des Leque
N.D. du Roc
Pré Chauvin
Barrage de Chaudanne
N.D. de Beauvoir
MOUSTIERS-Ste Marie
Église romane
les Brochiers
Berbené
Chasteuil
Villars-Brandis
CASTELLANE
Enceinte
la Garde
Régional
Brans
Verdon
Col de Luens
Clue de Chasteuil
St Thyrs
Robion
Eoulx
Torrent de Valonge
Châteauneuf-les-Moustiers
Lioune
Rougon
Ecole
le Plan
Point Sublime
Valcros
83 Var
Route de la Lavande
la Palud-sur-Verdon
Clue de Carejuan
le Bourguet
Châteauvieux
les Salles-sur-Verdon
Aiguines
Grand Canyon du Verdun
Brenon
Chanteraine
Cirque de Vaumale
le Petit-St Maymes
Trigance
Riblaquon
le Castellas
Verdon
Balcons de la Mescla
Jabron
Bargeme
la Cournuelle
Corniche Sublime
Falaise des Cavaliers
Pont de l'Artuby
Font-Castellan
Grand Plan de Canjuers
Canyon de l'Artuby
la Souche
COMPS-s.-Artuby
la Colle
Montagne de Barjaude
Col du Bel-Homme
Locquier
Vérignon
St Priest
Favas
AUPS
les Vergelins
Couan
Montferrat
Bargemon
Ste Anne
Ampus
Châteaudouble
Taurenne
la Beaume
Olves
la Grande Rimade
St-Pierre-de-Tourtour
la Grange
Gorges de la Garde
CALLAS
Claviers
la Colle-Blanche
Grottes
Tourtour
Florielle
Rebouillon
les Clèdes
Villecroze
Figanières
les 4 Chemins
5 km
Campagne-Neuve
SALERNES
Église romane
St Jean
les Mandins
Lentier
le Villard
les Esparus
les Plans
DRAGUIGNAN
Enceinte
le Gaudran
le Flayosquet

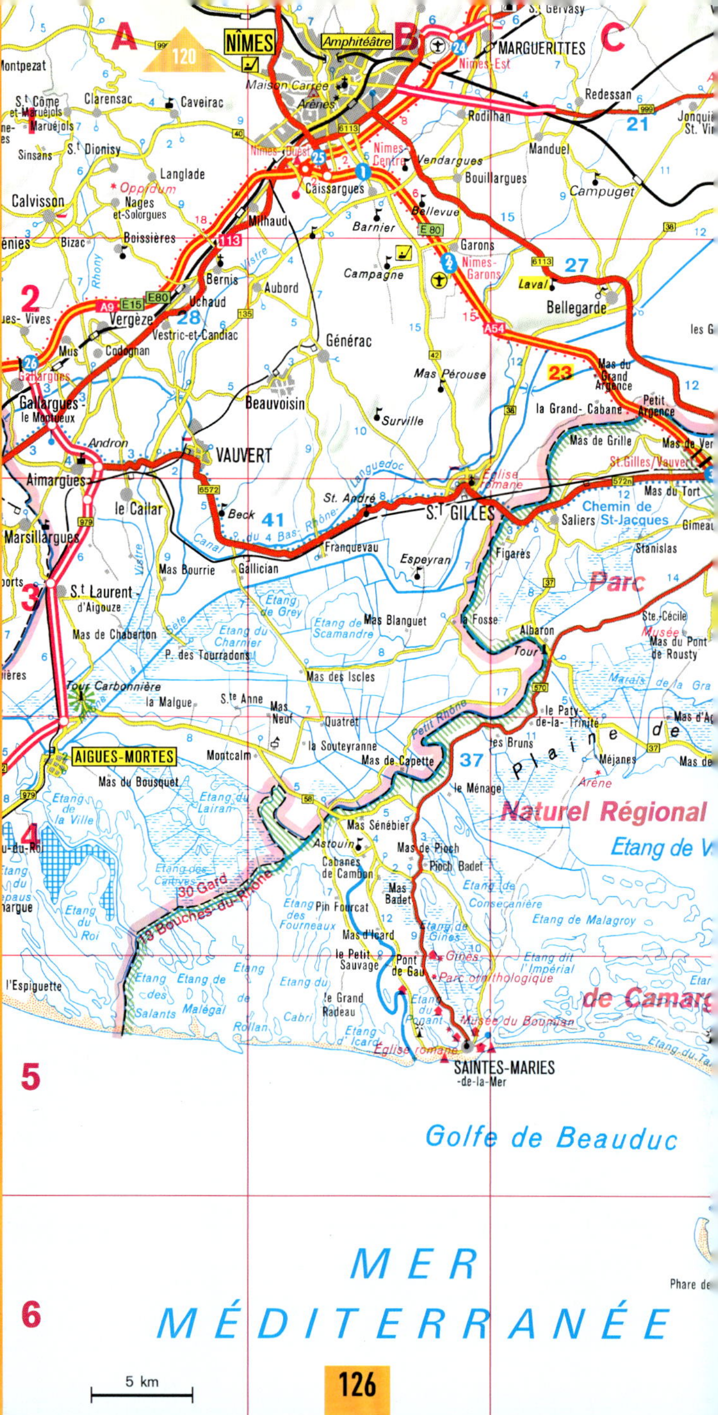
A
B
C
120
NÎMES
Amphithéâtre
Maison Carrée
Arènes
MARGUERITTES
Nîmes-Est
St Gervasy
Redessan
Jonquières-St. Vincent
Rodilhan
Manduel
Campuget
Montpezat
St Côme-et-Maruéjols
Maruéjols
Clarensac
Caveirac
Sinsans
St Dionisy
Langlade
Oppidum
Calvisson
Nages et-Solorgues
Boissières
Bizac
Nîmes-Ouest
Nîmes-Centre
Caissargues
Vendargues
Bouillargues
Milhaud
Bellevue
Barnier
Garons
Nîmes-Garons
Laval
Bellegarde
Bernis
Aubord
Campagne
Uchaud
Vergèze
Vestric-et-Candiac
Mus
Codognan
Vives
Générac
Mas Pérouse
Gallargues
Gallargues-le Montueux
Beauvoisin
Surville
Mas du Grand Argence
la Grand-Cabane
Petit Argence
Mas de Grille
Mas de Ver
Andron
VAUVERT
Aimargues
Église romane
St. Gilles/Vauvert
Mas du Tort
le Cailar
Beck
St. André
Languedoc
Canal du Bas-Rhône-Languedoc
ST GILLES
Saliers
Chemin de St-Jacques
Marsillargues
Franquevau
Espeyran
Figarès
Stanislas
Mas Bourrie
Gallician
Parc
St Laurent-d'Aigouze
Etang de Grey
Etang de Scamandre
Mas Blanguet
la Fosse
Ste.-Cécile
Musée
Mas du Pont de Rousty
Albaron
Tour
Mas de Chaberton
Etang du Charnier
P. des Tourradons
Mas des Iscles
Marais de la Gra
Tour Carbonnière
la Malgue
Ste Anne
Mas Neuf
Quatret
le Paty-de-la-Trinité
Mas d'Ag
Petit Rhône
AIGUES-MORTES
Montcalm
la Souteyranne
Mas de Capette
les Bruns
Plaine de
Méjanes
Mas de
Mas du Bousquet
Etang du Lairan
Etang de la Ville
le Ménage
Arène
Naturel Régional
Mas Sénébier
Astouin
Mas de Pioch
Pioch Badet
Etang de V
Etang des Caitives
30 Gard
13 Bouches-du-Rhône
Cabanes de Cambon
Mas Badet
Etang de Consecanière
Etang de Malagroy
Etang du Roi
Etang des Fourneaux
Pin Fourcat
Mas d'Icard
Etang de Ginès
Ginès
le Petit Sauvage
Pont de Gau
Parc ornithologique
Etang dit l'Impérial
l'Espiguette
Etang des Salants
Etang de Malégal
Etang de Rollan
Etang du Cabri
le Grand Radeau
Etang du Ponant
Musée du Boumian
de Camarg
Etang d'Icard
Église romane
SAINTES-MARIES-de-la-Mer
Etang du Ta
Golfe de Beauduc
MER MÉDITERRANÉE
Phare de
5 km
2
3
4
5
6

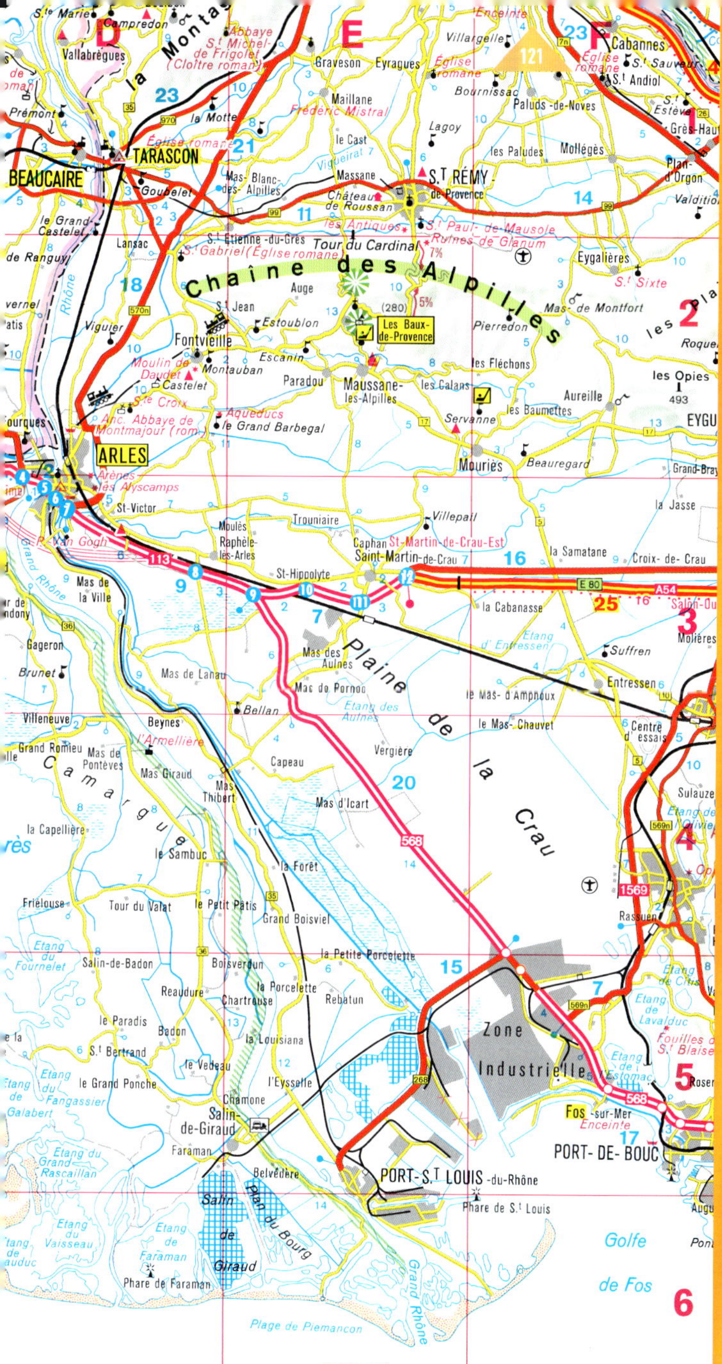
D
E
F
121
St Marie
Campredon
la Montagnette
Abbaye St Michel-de Frigolet (Cloître roman)
Vallabrègues
Graveson
Eyragues
Villargelle
Église romane
Cabannes
St Sauveur
St Andiol
Bournissac
Paluds-de-Noves
Maillane
Frédéric Mistral
Prémont
la Motte
Lagoy
St Estève
Grès-Haut
TARASCON
BEAUCAIRE
Église romane
le Cast
Vigueirat
les Paludes
Mollégès
Plan-d'Orgon
Mas-Blanc-des-Alpilles
Massane
ST RÉMY-de-Provence
Goubelet
Château de Roussan
Valdition
le Grand-Castelet
les Antiques
St Paul-de-Mausole
Ruines de Glanum
Lansac
St Étienne-du-Grès
Tour du Cardinal
Eygalières
de Ranguy
St Gabriel (Église romane)
St Sixte
Chaîne des Alpilles
Rhône
Auge
Mas-de Montfort
St Jean
Les Baux-de-Provence
Pierredon
les Plaines
Viguier
Estoublon
Fontvieille
Escanin
Roquemartine
Moulin de Daudet
Montauban
les Fléchons
les Opies
Paradou
Maussane-les-Alpilles
les Calans
Castelet
Aureille
Ste Croix
les Baumettes
Anc. Abbaye de Montmajour (rom.)
Aqueducs
Servanne
Fourques
le Grand Barbegal
EYGUIÈRES
ARLES
Mouriès
Beauregard
Arènes
les Alyscamps
Grand-Bray
St-Victor
la Jasse
Trouniaire
Villepail
Moulès
Raphèle-lès-Arles
Caphan
St-Martin-de-Crau-Est
P. Van Gogh
Saint-Martin-de-Crau
la Samatane
Croix-de-Crau
Grand Rhône
Mas de la Ville
St-Hippolyte
la Cabanasse
Salon-Ouest
Molières
E 80
A54
Gageron
Mas des Aulnes
Plaine de la Crau
Étang d'Entressen
Suffren
Brunet
Mas de Lanau
Entressen
Mas do Pornoo
le Mas-d'Amphoux
Étang des Aulnes
Villeneuve
Bellan
le Mas-Chauvet
Centre d'essais
Beynes
Grand Romieu
Mas de Pontèves
l'Armellière
Vergière
Camargue
Mas Giraud
Capeau
Sulauze
Mas Thibert
Mas d'Icart
Étang de l'Olivier
la Capellière
le Sambuc
la Forêt
Friélouse
Tour du Valat
le Petit Pâtis
Grand Boisviel
Rassuen
Étang du Fournelet
Salin-de-Badon
Boisverdun
la Petite Porcelette
la Porcelette
Reaudure
Chartrouse
Rebatun
Étang de Citis
Étang de Lavalduc
le Paradis
Badon
Zone Industrielle
la Louisiana
Fouilles de St Blaise
St Bertrand
le Vedeau
Étang de l'Estomac
Étang du Fangassier
le Grand Ponche
l'Eysselle
Étang de Galabert
Chamone
Fos-sur-Mer
Enceinte
Salin-de-Giraud
Rosen
PORT-DE-BOUC
Étang du Grand Rascaillan
Faraman
Belvédère
PORT-ST LOUIS-du-Rhône
Phare de St Louis
Étang du Vaisseau
Étang de Faraman
Salin de Giraud
Plan du Bourg
Golfe de Fos
Phare de Faraman
Grand Rhône
Plage de Piemancon
1
2
3
4
5
6

A
B
C
122
1
2
3
4
5
6
Grand-Brays
Richebois
la Jasse
SALON-de-Provence
Salon-Nord
Vernègues
Bas Temple romain
Badasset
Aurons
LAMBESC
Aiguebelle
Rognes
Chaîne de la Trévaresse
Brest
Beaulieu
Croix-de-Crau
Vestiges antiques
Pélissanne
Barben
Salon-Ouest
Grans
Salon-Sud
la Barben
Valmousse
St Cannat
Molières
Autoroute du Soleil
T.G.V.
Grand St Jean
Grans
Pontès
MIRAMAS
le Pont-du-Raud
Lançon-Provence
Caseneuve
les Quatre-Termes
Lignane
la Calade
Camaïsse
Confoux
Lançon-Provence
Enceinte
Miramas-le-Vieux
Eguilles
les Gervais
Corpillon-Confoux
Coudoux
Vestiges antiques
les Figons
la Fare-les-Oliviers
E 714
E 80
Sulauze
St CHAMAS
Calissanne
Coudoux
La Provençale
Bompard
Etang de l'Olivier
Pont Flavien (Flavius)
les Baïsses
les 4 Tours
Ventabren
A8
Gallice
Aix-Ouest
Oppidum du Castellan
la Bosque
Velaux
Aqueduc de Roquefavour
ISTRES
Mauran
St Estève
les Milles
Bouquet
Rognac Berre
la Mérindolle
Port des Heures Claires
Etang
la Suzanne
Raff. SHELL
Rognac
le Petit Arbois
la Tour d'Arbois
les 3 Pigeons
BERRE-l'Etang
Etang de Vaïne
Chaîne de Vitrolles
Réservoir de Réaltor
Lenfant
Etang de Citis
Varage
Calas
Etang de Lavalduc
Massane
N.-D. de Caderot
de
Vitrolles
Vitrolles
Montvallon
18
la Champouse
Fouilles de St Blaise
St Mitre-les-Remparts
Marseille (Provence)
les Plaines d'Arbois
Gardanne
Cabries
Roseron
Berre
MARIGNANE
St Victoret
Marignane-Ville
les Pinchinades
Plan de Campagne
Plan de Cuques
MARTIGUES
la Mède-Ouest
Plage de Jaï
St Victoret
les Pennes-Mirabeau
Mart.-Ferrières
Pas-des-Lanciers
les Pennes
Septèmes-les-Vallons
Gignac-la-Nerthe
Rebuty
les Cadeneaux
la Mède-Est
les Tourels
Laure
Jas-de-Rhodes
St Antoine
Mart.-Lavera
Mart.-Jonquières
la Mède
Châteauneuf-les-Martigues
la Nerthe
la Gaotte
Auguette
Lavera
les Ventrons
la Bastide-Blanche
Gignac-la-Nerthe
Carry-le-Rouet
l'Estaque
la Nerthe
le Rove
St André
les Aygalades
Ponteau
le Douard
Chaîne de l'Estaque
St Julien
Ensuès-la-Redonne
la Vesse
la Calade
la Madrague-de-la-Ville
les Rouges
le Rouet-Plage
la Couronne-Carro
Ste Croix
Niolon
Rade de Marseille
Les Ports St-Louis
Tamaris
Sausset-les-Pins
Madrague-de-Gignac
Carro
Carry-le-Rouet
Cap Couronne
MARSEILLE
(Grec: Massilia)
Côte Bleue
Île Ratonneau
Château d'If
St Giniez
Île Pomègues
la Madrague-de-Montredon
Mazargues
Cap Croisette
Massif de Marseilleveyre
432
Île Tiboulen
Île Maire
les Goudes
Île de Planier
Île de Jarre
Île de Riou
Bastia, l'Île-Rousse
Wahrān (Oran)
Al-Jazāir (Alger)
Bejaïa
Skikda, Annaba
Tunis
Ajaccio, Propriano
Porto-Vecchio
Propriano
5 km

MER MÉDITERRANÉE
Montagne S.te Victoire
Massif de la Sainte Baume
Chaîne de l'Étoile
Chaîne de St Cyr
Mont Aurélien
les Calanques
AIX-en-Provence
GARDANNE
AUBAGNE
LA CIOTAT
CASSIS
BANDOL
SANARY sur-Mer
Six-Fours les-Plages
LA SEYNE-sur-Mer
LE BEAUSSET
S.T MAXIMIN la-S.te Baume
Basilique
TRETS
RIANS
ROQUEVAIRE
ALLAUCH
GÉMENOS
Meyrargues
PEYROLLES-en-Provence
Jouques
Vauvenargues
Château de Picasso
Venelles
Fuveau
Peynier
Rousset
Pourrières
Pourcieux
Puyloubier
Beaurecueil
Châteauneuf-le-Rouge
Gréasque
Belcodène
Mimet
Cadolive
Peypin
la Bouilladisse
Auriol
Pas de la Couelle
S.t Zacharie
Nans-les-Pins
Plan-d'Aups
Cuges-les-Pins
Col de l'Ange
Col de l'Espigoulier
Signal de la Ste. Baume
Circuit de Castellet Paul-Ricard
Ceyreste
les Lecques
S.t Cyr-sur-Mer
la Cadière-d'Azur
le Castellet
Roquefort-la-Bédoule
Carnoux-en-Provence
Cap Canaille
Cap Morgiou
Île Verte
Île de Bendor
Île des Embiez
Autoroute du Val de Durance
Bouches-du-Rhône
Var
B. de Mont Major

KARTENLEGENDE

Deutsch	Beispiel	English
Autobahn mit Anschlussstelle - Mautstelle	Horb 14	Motorway with junction - Toll
Autobahn in Bau - geplant	Datum/Date	Motorway under construction - projected
Tankstelle - Rasthaus - mit Motel	La Macchia	Filling station - Restaurant - with motel
Vierspurige Straße - in Bau		Road with four lanes - under construction
National- oder Staatsstraße - in Bau		Trunk road - under construction
Wichtige Hauptstraße - in Bau		Important main road - under construction
Hauptstraße - Nebenstraße		Main road - Secondary road
Fahrweg - Fußweg		Practicable road - Foothpath
Passstraße mit Wintersperre - Steigung	X-IV 10%	Mountain pass closed in winter - Gradient
Für Wohnwagen nicht empfehlenswert - gesperrt		Not suitable for caravans - closed
Gebührenpflichtige Straße - Für Kfz gesperrt		Toll road - Road closed for motor traffic
Hauptbahn mit Bahnhof - Nebenbahn		Main railway with station - Other railway
Eisenbahn (Güterverkehr) - Autoverladung		Railway (freight haulage) - Railway ferry for cars
Zahnradbahn - Seilbahn - Sessellift		Rack-railway - Cable lift - Chair lift
Autofähre - Schifffahrtslinie		Car ferry - Shipping route
Flughafen - Regionalflughafen - - Flugplatz - Segelflugplatz		Airport - Regional airport - - Airfield - Gliding field
Besonders sehenswerter Ort	LISBOA	Place of particular interest
Besondere Natursehenswürdigkeit	*Grotta d. Vento*	Natural object of particular interest
Sonstige Sehenswürdigkeit	* *Cittadella*	Other objects of interest
Landschaftlich schöne Strecke		Scenic road
Touristenstraße	Route des Grandes Alpes	Tourist route
Nationalpark, Naturpark - Aussichtspunkt		National park, nature park - Viewpoint
Botanischer Garten, sehenswerter Park - - Zoologischer Garten		Botanical gardens, interesting park - - Zoological garden
Burg, Schloss für Besucher zugänglich - Ruine		Castle open to public - Ruin
Sonstige Burg, Schloss - Kirche - Kloster - Ruinen		Other castle - Church - Monastery - Ruins
Turm - Funk- oder Fernsehturm		Tower - Radio- or TV tower
Denkmal - Leuchtturm		Monument - Lighthouse
Golfplatz - Jachthafen		Golf-course - Marina
Hotel, Motel, Gasthaus - Berghütte - Feriendorf		hotel, motel, inn - Mountain hut - Tourist colony
Campingplatz - Jugendherberge		Camping - Youth hostel
Strandbad - Schwimmbad - Heilbad		Bathing place - Swimming pool - Spa
Staatsgrenze		State boundary
Grenzkontrollstelle international - - mit Beschränkung		International check-point - - Check-point with restrictions
Verwaltungsgrenze - Sperrgebiet		Administrative boundary - Restricted area
Ausflüge & Touren		Excursions & tours

FÜR IHRE NÄCHSTE REISE

gibt es folgende MARCO POLO Titel:

DEUTSCHLAND

Allgäu
Amrum/Föhr
Bayerischer Wald
Berlin
Bodensee
Chiemgau/Berchtesgadener Land
Dresden/Sächsische Schweiz
Düsseldorf
Eifel
Erzgebirge/Vogtland
Franken
Frankfurt
Hamburg
Harz
Heidelberg
Köln
Lausitz/Spreewald/Zittauer Gebirge
Leipzig
Lüneburger Heide/Wendland
Mark Brandenburg
Mecklenburgische Seenplatte
Mosel
München
Nordseeküste Schleswig-Holstein
Oberbayern
Ostfriesische Inseln
Ostfriesland/Nordseeküste Niedersachsen/Helgoland
Ostseeküste Mecklenburg-Vorpommern
Ostseeküste Schleswig-Holstein
Pfalz
Potsdam
Rheingau/Wiesbaden
Rügen/Hiddensee/Stralsund
Ruhrgebiet
Schwäbische Alb
Schwarzwald
Stuttgart
Sylt
Thüringen
Usedom
Weimar

ÖSTERREICH | SCHWEIZ

Berner Oberland/Bern
Kärnten
Österreich
Salzburger Land
Schweiz
Tessin
Tirol
Wien
Zürich

FRANKREICH

Bretagne
Burgund
Côte d'Azur/Monaco
Elsass
Frankreich
Französische Atlantikküste
Korsika
Languedoc-Roussillon
Loire-Tal
Nizza/Antibes/Cannes/Monaco
Normandie
Paris
Provence

ITALIEN | MALTA

Apulien
Capri
Dolomiten
Elba/Toskanischer Archipel
Emilia-Romagna
Florenz
Gardasee
Golf von Neapel
Ischia
Italien
Italienische Adria
Italien Nord
Italien Süd
Kalabrien
Ligurien/Cinque Terre
Mailand/Lombardei
Malta/Gozo
Oberital. Seen
Piemont/Turin
Rom
Sardinien
Sizilien/Liparische Inseln
Südtirol
Toskana
Umbrien
Venedig
Venetien/Friaul

SPANIEN | PORTUGAL

Algarve
Andalusien
Barcelona
Baskenland/Bilbao
Costa Blanca
Costa Brava
Costa del Sol/Granada
Fuerteventura
Gran Canaria
Ibiza/Formentera
Jakobsweg/Spanien
La Gomera/El Hierro
Lanzarote
La Palma
Lissabon
Madeira
Madrid
Mallorca
Menorca
Portugal
Sevilla
Spanien
Teneriffa

NORDEUROPA

Bornholm
Dänemark
Finnland
Island
Kopenhagen
Norwegen
Schweden
Stockholm
Südschweden

WESTEUROPA | BENELUX

Amsterdam
Brüssel
Dublin
England
Flandern
Irland
Kanalinseln
London
Luxemburg
Niederlande
Niederländische Küste
Schottland
Südengland

OSTEUROPA

Baltikum
Budapest
Estland
Kaliningrader Gebiet
Lettland
Litauen/Kurische Nehrung
Masurische Seen
Moskau
Plattensee
Polen
Polnische Ostseeküste/Danzig
Prag
Riesengebirge
Russland
Slowakei
St. Petersburg
Tschechien
Ungarn
Warschau

SÜDOSTEUROPA

Bulgarien
Bulgarische Schwarzmeerküste
Kroatische Küste/Dalmatien
Kroatische Küste/Istrien/Kvarner
Montenegro
Rumänien
Slowenien

GRIECHENLAND | TÜRKEI | ZYPERN

Athen
Chalkidiki
Griechenland Festland
Griechische Inseln/Ägäis
Istanbul
Korfu
Kos
Kreta
Peloponnes
Rhodos
Samos
Santorin
Türkei
Türkische Südküste
Türkische Westküste
Zakinthos
Zypern

NORDAMERIKA

Alaska
Chicago und die Großen Seen
Florida
Hawaii
Kalifornien
Kanada
Kanada Ost
Kanada West
Las Vegas
Los Angeles
New York
San Francisco
USA
USA Neuengland/Long Island
USA Ost
USA Südstaaten/New Orleans
USA Südwest
USA West
Washington D.C.

MITTEL- UND SÜDAMERIKA

Argentinien
Brasilien
Chile
Costa Rica
Dominikanische Republik
Jamaika
Karibik/Große Antillen
Karibik/Kleine Antillen
Kuba
Mexiko
Peru/Bolivien
Venezuela
Yucatán

AFRIKA | VORDERER ORIENT

Ägypten
Djerba/Südtunesien
Dubai/Vereinigte Arabische Emirate
Israel
Jerusalem
Jordanien
Kapstadt/Wine Lands/Garden Route
Kenia
Marokko
Namibia
Qatar/Bahrain/Kuwait
Rotes Meer/Sinai
Südafrika
Tunesien

ASIEN

Bali/Lombok
Bangkok
China
Hongkong/Macau
Indien
Japan
Ko Samui/Ko Phangan
Malaysia
Nepal
Peking
Philippinen
Phuket
Rajasthan
Shanghai
Singapur
Sri Lanka
Thailand
Tokio
Vietnam

INDISCHER OZEAN | PAZIFIK

Australien
Malediven
Mauritius
Neuseeland
Seychellen
Südsee

REGISTER

Im Register sind alle in diesem Reiseführer erwähnten Orte, Ausflugsziele und Weingüter verzeichnet. Halbfette Seitenzahlen verweisen auf den Haupteintrag, kursive auf ein Foto.

> SCHREIBEN SIE UNS!

Liebe Leserin, lieber Leser,

wir setzen alles daran, Ihnen möglichst aktuelle Informationen mit auf die Reise zu geben. Dennoch schleichen sich manchmal Fehler ein trotz gründlicher Recherche unserer Autoren/innen. Sie haben sicherlich Verständnis, dass der Verlag dafür keine Haftung übernehmen kann.

Wir freuen uns aber, wenn Sie uns schreiben.

Senden Sie Ihre Post an die
MARCO POLO Redaktion,
MAIRDUMONT, Postfach 31 51,
73751 Ostfildern,
info@marcopolo.de

IMPRESSUM

Titelbild: Valensole, Lavendelfeld (Huber: Ripani)
Fotos: Peter Bausch (134); M. Bommarchou (12 u.); Jean-Pierre Cassely (96 u. r.); Moustapha Chaoui (14 u.); W. Dieterich (2 l., 2 r., 4 r., 16/17, 22/23, 24/25, 27, 32, 35, 62/63, 67, 72, 76, 80/81, 84, 89, 92); Feldhoff & Martin (U. M., 48, 51); ©fotolia.com: kfret (96 M. r.); Manon Francia (97 M. r.); Gregoire Gardette (15 u.); R. M. Gill (5, 28, 40, 45, 46, 54, 102/103, 105); HB Verlag: Gerth (59, 98/99, 116/117); Huber: Ripani (1); JCDecaux Marseille: M. SAPIN (15 M.); ©iStockphoto.com: Eric Gevaert (96 M. l.), Darren Gidney (13 u.), Maria Maciuca (97 o. l.), Shelly Perry (96 o. l.), Simon Podgorsek (97 u. r.), Graeme Purdy (13 o.), TommL (14 o.), Dan Wilton (15 o.); H. Krinitz (U. l., U. r., 3 M., 3 r., 4 l., 6/7, 8/9, 18/19, 22, 23, 26, 28/29, 30/31, 38/39, 53, 56, 61, 71, 75, 78, 82, 86/87, 90/91, 95, 101, 104, 131); Claude Masini (12 o.); Loris Robert (97 M. l.); M. Thomas (3 l., 11, 29, 37, 43, 69, 93); H. Wagner (21, 64);

2. (10.), aktualisierte Auflage 2009

Chefredaktion: Michaela Lienemann, Marion Zorn
Autor: Peter Bausch; Redaktion: Nadia Al Kureischi
Programmbetreuung: Cornelia Bernhart, Jens Bey; Bildredaktion: Gabriele Forst
Szene/24h: wunder media, München
Kartografie Reiseatlas: © MAIRDUMONT, Ostfildern
Innengestaltung: Zum goldenen Hirschen, Hamburg; Titel/S. 1–3: Factor Product, München
Sprachführer: in Zusammenarbeit mit Ernst Klett Sprachen GmbH, Stuttgart, Redaktion PONS Wörterbücher

Printed in Germany. Gedruckt auf 100% chlorfrei gebleichtem Papier

> UNSER AUTOR

Ein Interview mit MARCO POLO Insider Peter Bausch

Der Journalist Peter Bausch mit zweitem Wohnsitz in Aix-en-Provence ist seit über 30 Jahren ein Kenner und Liebhaber der Provence.

Was verschlug Sie in die Provence?

Weil ich in Deutschland am Numerus Clausus gescheitert bin, studierte ich in Aix-en-Provence und bin seitdem nicht mehr von Südfrankreich losgekommen. Durch Zufall war mein erstes Domizil ein einfaches, mittlerweile aufwendig umgebautes Landhaus, das einst der Familie Cézanne gehörte.

Was reizt Sie an Südfrankreich?

Die Menschen, das Meer, die großartige Landschaft, das Klima, die Weine, das gute und gesunde Essen, die Kunst, also fast alles. Mittlerweile bin ich mit einer Südfranzösin verheiratet und habe eine zweite Familie in meiner Wahlheimat, lerne mit Schwiegereltern ganz neue Aspekte der Provence kennen.

Was machen Sie beruflich?

Ich arbeite fest in der Redaktion der „Sindelfinger Zeitung" und zeichne dort für den Kulturteil verantwortlich. In Frankreich schreibe ich als freier Journalist für Magazine wie die „Riviera-Côte-d'Azur-Zeitung". Für Marco Polo betreue ich inzwischen vier Bände, unter anderem auch den kulinarischen Reiseführer „Provence/Côte d'Azur". Was sehr schön ist: Dank meines Berufes kann ich jedes Jahr mindestens vier Monate im Süden leben.

Wie und wo leben Sie genau?

Wir pendeln zwischen Sindelfingen und unsere Wohnung im Zentrum von Aix-en-Provence, die mit einem Garten im ersten Stock einen unwiderstehlichen Charme hat. Alles ist zu Fuß erreichbar und ich mache mir ein Vergnügen daraus, auf dem täglichen Markt in Aix einzukaufen.

Was tun Sie in Ihrer Freizeit?

Durch das Reisen verbinde ich Hobby und Beruf. Ich bin neugierig, entdecke immer noch neue Ecken in Südfrankreich. Leider bleibt heute weniger Zeit, den sommerlichen Kulturrausch bei den Festspielen in Aix, La Roque-d'Anthéron, Avignon, Marseille oder Orange in vollen Zügen zu genießen. Ich liebe es, mit Freunden auf Segeltour in der Bucht von Marseille zu gehen. Und von Zeit zu Zeit gehört es einfach dazu, ein Fußballspiel von Olympique Marseille im Vélodrome-Stadion live zu erleben.

Mögen Sie die südfranzösische Küche?

Und wie! Die mediterrane Küche mit Gemüse, Fisch, Olivenöl, Knoblauch und Kräutern ist ja so gesund und schmeckt richtig gut. Es macht mir einfach Spaß, mit den frischen Dingen vom Markt zu Hause die Rezepte der großen Meister nachzukochen.

> BLOSS NICHT!

Auch in der Provence gibt es Dinge, über die Sie informiert sein sollten

Folklorekitsch kaufen

Was in der Provence manchmal als Kunst verkauft wird, ist oft nur Ramsch und Folklorekitsch. Vorsicht auch bei hübsch mit provenzalischen Stoffen dekorierten Olivenölflaschen: Der Inhalt ist oft das Geld nicht wert! Achten Sie auch bei den berühmten Kräutern *(herbes de provence)* auf Herkunftsbezeichnungen und Echtheitszertifikate!

Bei roter Flagge ins Meer

Das Mittelmeer ist gefährlicher, als es aussieht. Wenn an bewachten Stränden die rote Flagge aufgezogen ist, ist das Baden wegen Strömungen oder Wellen zu riskant.

Wertsachen im Auto lassen

Autos mit ausländischem Kennzeichen sind bevorzugte Zielscheibe für Diebe. Sie sollten auf keinen Fall Wertsachen im Wagen sichtbar liegen lassen. Auch der Handtaschenraub aus besetztem Auto ist eine beliebte Masche. Deshalb in Städten – vor allem an Ampeln – die Autotüren verriegeln.

Wild campen

So verlockend ein schönes Plätzchen in freier Natur sein mag, um ein Zelt aufzustellen oder das Wohnmobil zu parken – französische Grundbesitzer sehen das gar nicht gern und reagieren meist sauer. Viele Gemeinden in der Provence haben extra Stationen für Wohnmobile eingerichtet, und an Campingplätzen in herrlicher Lage fehlt es auch nicht.

Mit dem Feuer spielen

Hunderte, ja Tausende Hektar schönster Landschaft werden jeden Sommer in Staub und Asche gelegt. Schuld sind nicht immer nur Brandstifter, sondern oft auch Unvorsichtige, die einfach die brennende Zigarettenkippe aus dem Auto schnippen oder im Wald ein Lagerfeuer anzünden. Halten Sie sich an die Verbote, wenn im Hochsommer bei stürmischem Wind ganze Gebirgszüge oder die Calanques wegen Feuergefahr gesperrt sind.

Ganz ohne Infomaterial durch die Lande

Für viele Reisende ist es reizvoll, auf eigene Faust die Provence zu entdecken. Schade wäre es aber, mangels Informationen an den schönsten Flecken und den besten Adressen vorbeizufahren. Die Fremdenverkehrsämter halten hervorragendes Infomaterial bereit und geben gern Ratschläge, z. B. über Kombipässe in Marseille oder Avignon, mit denen Sie bares Geld sparen können.

Stadtspaziergang in Badehose

In Badehose und mit übergeworfenem Handtuch durch die Städte zu wandern, ist nicht gern gesehen. Die Zeit fürs Umziehen nach dem Strandbesuch sollten Sie sich nehmen.